高等学校教师教育规划教材

语 文

二年级

上册

积累与应用

南京大学出版社

高等学校教师教育规划教材

语 文
二年级 上册
积累与应用

主　　编	杨九俊	汪　政	
副 主 编	江锡铨	郭毅浩	章跃一
编写人员	方钧鹤	孙国强	薛瑞东
	周　岳	冒　键	陆锦平
	高　青	张克中	钱志惠
本版修订	高　青	赵文萱	

目 录

第一单元 ··· 1
  传统文化与文化传统 ··· 1
  米洛斯的维纳斯 ··· 4
  论雅俗共赏 ··· 6
  简笔与繁笔 ··· 8
  论逆境 ·· 10
第二单元 ·· 12
  咏水仙 ·· 12
  狗之歌 ·· 13
  当你老了 ··· 15
  未选择的路 ·· 17
  我愿意是激流 ··· 20
  远古阿波罗裸躯残雕 ··· 22
  吉檀迦利 ··· 24
第三单元 ·· 25
  勃兰特下跪赎罪受到称赞 ··· 25
  我三十万大军胜利南渡长江 ·· 26
  别了,"不列颠尼亚" ·· 28
  落日 ·· 31
  飞向太平洋——我国运载火箭发射试验目击记 ·················· 33
  气候变暖与诺亚方舟 ··· 34
  拜金主义要不得 ··· 35
第四单元 ·· 37
  边城(节选) ·· 37
  将军族 ·· 38
  英雄的舞蹈 ·· 40
  彩虹 ·· 41

第五单元	44
子路、曾皙、冉有、公西华侍坐	44
逍遥游（节选）	46
劝学	48
过秦论	51
陈情表	53
参考答案	56

第一单元

传统文化与文化传统

一、积累与整合

1. 给下列加点的字注音。

(1) 媲美（　　　）　　(2) 褒贬（　　　）

(3) 威慑（　　　）　　(4) 应运而生（　　　）

(5) 攻讦（　　　）　　(6) 钳制（　　　）

(7) 得逞（　　　）　　(8) 一蹴而就（　　　）

(9) 糟糕（　　　）　　(10) 诞生（　　　）

(11) 积淀（　　　）　　(12) 刮垢磨光（　　　）

2. 解释下列词语。

(1) 时过境迁：_____

(2) 明日黄花：_____

(3) 昙花一现：_____

(4) 孤芳自赏：_____

(5) 销声匿迹：_____

(6) 面目全非：_____

(7) 斑驳陆离：_____

二、阅读与思考

(一) 阅读下面这段文字，回答问题。

传统文化的全称大概是传统的文化，落脚在文化，对应于当代文化和外来文化而言。其内容当为历代存在过的种种物质的、制度的和精神的文化实体和文化意识，例如说民族服饰、生活习俗、古典诗文、忠孝观念之类，也就是通常所谓的文化遗产。

传统文化产生于过去，带有过去时代的烙印；传统文化创成于本民族祖先，带有自己民族的色彩。文化的时代性和民族性，在传统文化身上表现得最为鲜明。

各传统文化在其各自发生的时候，是应运而生的，在历史上都起过积极作用。及至事过境迁，它们或者(1)，演化出新的内容与形式；或者(2)，固化为明日的黄花。也有的

(3)_____,重振雄风;也有的生不逢辰,(4)_____,未老而先夭。但是,不管怎样,不管它们内容的深浅,作用的__A__,时间的__B__,空间的__C__,只要它们存在过,它们便都是传统文化。

凡是存在过的,都曾经是合理的,分别在于理之正逆。凡是存在过的,都有其影响,问题在于影响的大小。因此,对后人来说,就有一个对传统文化进行分析批判的任务,以明辨其时代风貌,以确认其历史地位,以接受或拒绝其余风遗响。在我国,所谓的发掘抢救、批判继承、古为今用等等那一套办法和方针,都是针对传统文化而言的;所有的吃人的礼教、东方的智慧等等一大摞贬褒不一的议论,也多是围绕传统文化而发的。

1. 在文章第三段中(1)(2)(3)(4)处填入恰当的四字词语。
(1)_____ (2)_____ (3)_____ (4)_____

2. 根据文章第三段内容,请模仿"内容的深浅"的句式,在ABC三处填入恰当的词语。
A_____ B_____ C_____

3. 什么是传统文化?它具有哪些特点?
_____
_____

4. 传统文化发展过程中可能会出现哪几种情况?如何理解文化的"应运而生"?
_____
_____

5. 现代人对传统文化应该持何种态度?
_____
_____
_____

(二)阅读下面这段文字,回答问题。

一个民族有一个民族的共同生活、共同语言,从而也就有它们共同的意识和无意识,或者叫共同的心理状态。民族的每个成员,正是在这种共同生活中诞生、成长,通过这种语言来认识世界、体验生活、形成意识、表达愿望的。因而,生活对于他们就是一片园地,语言对于他们便是一种工具,大凡在这种生活里不存在的现象和愿望,由这种生活导不出的方式和方法,为这种语言未曾表达过的意念,用这种语言无法道出来的思想,自然不会形成为这一民族的共同心理。即使有时这个民族的某个或某些成员会产生出某些独特的心理,也往往由于禁忌、孤立等社会力量的威慑,不是迅速销声匿迹,便是陷于孤芳自赏,而很难挤进民族的共同圈子里去,除非有了变化着的共同生活作为后

盾。唯有那些为这一民族生活所孕育、所熟悉、所崇尚的心理,才能时刻得到鼓励和提倡,包括社会的推崇和个人的向往,而互相激荡,其道大行,成为巨大的精神财富和物质力量。这样,日积月累,暑往寒来,文化传统于是乎形成。

1. 什么是民族的集体意识和集体无意识?
_____
_____

2. 选文用非常严密的推理谈论文化传统的形成,请简要回答文化传统是怎样形成的?
_____
_____
_____

三、应用与拓展

1. 为了使文章的议论显得直观,作者运用了举例论证的方法。课文中分析"传统文化"时,对其包含的成分举出实例进行了说明,"例如说民族服饰、生活习俗、古典诗文、忠孝观念之类",但是没有举出一些例子说明什么是"文化传统"。什么是中华民族的文化传统或民族精神,古往今来并无统一的标准或表述。你能说说你的理解吗?
_____
_____
_____

2. 阅读下面的资料,说说你对"北大清华等校十博士联名抵制于丹"现象的看法。

资料一:于丹,一个以《论语》系列创下《百家讲坛》收视高峰的大学教授。于丹在京进行新书签售时,遭遇一男子强烈抵制。该男子穿着印有"孔子很着急,庄子很生气"字样的T恤衫出现在现场。

之前,北京大学、清华大学等大学的10名博士联名,称要"将反对于丹之流进行到底"。甚至要求她从《百家讲坛》中下课,并向电视观众道歉。十博士之一刘根勤认为,于丹所讲的《论语》和《庄子》,都只是借了古典文本的壳,但实际上很像速成教材,不仅偏离了文本本身,也给人造成了误导。

资料二:于丹回应十博士言论汇编

(1)中国文化需要上的课比需要下的课要多得多。(2)十博士对中国传统文化的感情值得尊敬。博士们在学术金字塔尖研究古代典籍,我是在金字塔基座普及文化,和而不同,都是在用不同的方式为中国文化做事情。(3)一千人有一千人的心得,心得就是读后感,不同于对原典的诠释,不是用文字学、训诂学和音韵学的原理和方法去进行考据。(4)举个例子,我们每个人都像是一个盲人在摸象,有人摸到象腿说象是根柱子,有人摸到象尾,说象是绳子,有人摸到象身,说象就是一面墙……如果我们把所有人对象的认识集合到一起,就更了解象是什么样子的了。(5)每个人都可以用自己的方式为中国文化做事,欢迎他们也做。

_____

_____

米洛斯的维纳斯

一、积累与整合

1. 给下列加点的字注音。

(1) 丰腴( )　　　　　　(2) 毋庸赘言( )

(3) 擎着( )　　　　　　(4) 迥然( )

(5) 玉笏( )　　　　　　(6) 回溯( )

(7) 攥住( )　　　　　　(8) 驰骋( )

(9) 匀称( )　　　　　　(10) 捅坏( )

2. 解释下列词语。

(1) 烘托:_____

(2) 出神入化:_____

(3) 矫揉造作:_____

(4) 气氛:_____

(5) 毋庸赘言:_____

3. 填空。

《米洛斯的维纳斯》作者_____是_____(国别)当代诗人、小说家。米洛斯的维纳斯是在____(国别)米洛斯岛发现的大理石雕像,或译为_____。

二、阅读与思考

(一) 我欣赏着米洛斯的维纳斯,一个奇怪的念头忽地(1)我的心——她为了如此秀丽迷人,必须失去双臂。也就是说,使人不能不感到,这座丧失了双臂的雕像中,人们称为美术作品命运的、同创作者毫无关系的某些东西正(2)地烘托着作品。

1. 文中(1)(2)处的词语是：(1) _____ (2) _____
2. 作者为何说"她为了如此秀丽迷人，必须失去双臂"？
   _____
   _____

3. 文中"美术作品命运"指的是什么？
   _____
   _____

（二）理解下列句子的含义。

1. 不，说得更为正确些，她是为了自己的丽姿，无意识地隐藏了那两条玉臂，为了漂向更远更远的国度，为了超越更久更久的时代。
   _____
   _____

2. 如果发现了真正的原形，并且无法再抱一丝怀疑而只能相信时，那我将怀着一腔怒火，用艺术的名义否定掉那个真正的原形。
   _____
   _____

3. 我既感到这是一次从特殊转向普遍的毫不矫揉造作的飞跃，也认为这是一次借舍弃部分来获取完整的偶然追求。
   _____
   _____

三、应用与拓展

阅读下面这段文字，回答问题。

莫 高 窟
余秋雨

莫高窟可以傲视异邦古迹的地方，就在于它是一千多年的层层累聚。看莫高窟不是看死了一千多年的标本，而是看活了一千多年的生命。千年而始终活着，血脉畅通，呼吸匀停，这是一处何等壮阔的生命！一代又一代艺术家前呼后拥向我们走来，每个艺术家又牵连着喧闹的背景，在这里举行着横跨千年的游行。纷杂的衣饰使我们眼花缭乱，呼呼的旌旗使我们满耳轰鸣。在别的地方，你可以蹲下来细细玩索一粒碎石，一条土埂，在这儿完全不行，你也被裹卷着，身不由主，跟跟跄跄，直到被历史的洪流消融。在这儿，一个人的感官很不够用，那干脆丢弃自己，让无数双艺术巨手把你碎成轻尘。

　　色流猛的一个涡漩卷涌，当然是到了唐代。人世间能有的色彩都喷射出来，但又喷得一点儿也不野，舒舒展展地纳入细密。流利的线条，幻化为壮丽无比的交响乐章。这里不再仅仅是初春的气温，而已是春风浩荡，万物苏醒，人们的每一缕筋肉都想跳腾，这里连禽鸟都在歌舞，连繁花都裹卷成图案，为这个天地欢呼。这里的雕塑都有脉搏和呼吸，挂着千年不枯的吟笑和娇嗔。这里的每一个场面，都非双眼能够看尽，而每一个角落，都够你留连长久。这里什么也没有，只有人的生命在蒸腾。到别的洞窟还能思忖片刻，而这里，一进入就让你燥热，让你失态，让你只想双足腾空。

　　1. 理解文中第一处画线句子的含义。

　　_____

　　2. 文中有一个与第二处画划线句子意义完全相同的句子，这个句子是：

　　_____

　　3. 第二段中有一个句子，意在提示唐代洞窟艺术的主题是表现人的活力，这个句子是：

　　_____

　　4. 莫高窟在艺术创作上有哪些主要特点？根据以上文字简要列出几点（每点不超过5个字）。

　　_____

论雅俗共赏

一、积累与整合

　　1. 给下列加点的字注音。

　　(1) 垮台（　　）　　(2) 蜕变（　　）　　(3) 寒碜（　　）
　　(4) 禅宗（　　）　　(5) 虚妄（　　）　　(6) 传奇（　　）
　　(7) 陈寅恪（　　）　(8) 趋势（　　）　　(9) 两橛（　　）
　　(10) 嗜好（　　）　 (11) 譬如（　　）　 (12) 海盗（　　）

　　2. 解释下列的词语或语句。

　　(1) 奇文共欣赏：_____

　　(2) 疑义相与析：_____

(3) 王侯将相：_____

(4) 雅俗共赏：_____

(5) 气盛言宜：_____

(6) 举一纲而张万目：_____

3. 填空。

《论雅俗共赏》的作者是_____，他是中国现代散文家、诗人、学者、民主战士，代表作有_____、_____。

二、阅读与思考

1. 作者在文中列举了中国历史上不同时期（朝代）社会文化发展的特点。请阅读全文，进行梳理和总结。

_____

_____

2. 关于"雅俗共赏"，作者表达了哪些观点？请分条列举。

_____

_____

_____

三、应用与拓展

很多优秀的文学作品或艺术形式都体现了"雅俗共赏"的特点。请以下列文学作品或艺术形式为例，谈谈你对"雅俗共赏"的见解。

《红楼梦》　　《海子的诗》　　二人转　　豫剧

_____

_____

_____

_____

_____

简笔与繁笔

一、积累与整合

1. 给下列加点的字注音。

(1) 拖沓(　　　)　　　　(2) 言简意赅(　　　)

(3) 磬儿(　　　)　　　　(4) 毛骨悚然(　　　)

(5) 凝练(　　　)　　　　(6) 铍儿(　　　)

(7) 铙儿(　　　)　　　　(8) 迸裂(　　　)

(9) 冗长(　　　)　　　　(10) 累赘(　　　)

2. 解释下列词语。

(1) 繁冗拖沓：_____

(2) 言简意赅：_____

(3) 凝练：_____

(4) 穷形尽相：_____

(5) 细致入微：_____

(6) 惜墨如金：_____

(7) 用墨如泼：_____

(8) 汩汩滔滔：_____

(9) 洋洋洒洒：_____

(10) 毛骨悚然：_____

(11) 各得其宜：_____

(12) 各尽其妙：_____

(13) 风行水上：_____

(14) 累赘：_____

3. 填空。

本文是文艺随笔,也叫文艺短论,是文艺评论的一种,它的特点是_____。

二、阅读与思考

阅读下面这段文字，回答问题。

① 从来的文章家都提倡简练，而列繁冗拖沓为作文病忌。② 这诚然是不错的。③ 然而，文章的繁简又不可单以文字的多寡论。④ 言简意赅，是凝练、厚重；言简意少，却不过是平淡、单薄。⑤ "繁"呢，有时也自有它的好处：描摹物态，求其穷形尽相；刻画心理，能使细致入微。⑥ 有时，真是非繁不足以达其妙处。⑦ 这可称为以繁胜简。⑧ 看文学大师们的创作，有时用简：惜墨如金，力求数字乃至一字传神。⑨ 有时使繁：用墨如泼，汩汩滔滔，虽十、百、千字亦在所不惜。⑩ 简笔与繁笔，各得其宜，各尽其妙。

1. 理清思路，标出层次，并说说理由。

①②③④⑤⑥⑦⑧⑨⑩

2. 本段采用了哪些论证方法进行论证？

3. "这可称为以繁胜简"中"这"指什么？

4. 阅读全文，用文中的例子分析简笔与繁笔"各得其宜，各尽其妙"。

三、应用与拓展

1. 据说欧阳修写《醉翁亭记》的初稿开篇是"滁州东面是山，西面是山，南面是山，北面也是山"，凡数十字，"山"字反复四次。后来只写"环滁皆山也"五个字，被人称颂。下面一段文字选自《孟子·万章上》，其中"得其所哉"也出现了四次，你认为是否应该删去？说说理由。

昔者有馈生鱼于郑子产，子产使校人畜之池。校人烹之，反命曰："始舍之，圉圉焉；少则洋洋焉；攸然而逝。"子产曰："得其所哉！得其所哉！"校人出，曰："孰谓子产智？予既烹而食之，曰：'得其所哉！得其所哉！'"

2. 文学大师们往往是恰当运用繁笔和简笔的典范。请从你熟悉的鲁迅作品中选取例子作简要分析。

论 逆 境

一、积累与整合

1. 给下列加点的字注音。
（1）汲取（　　　）　　　（2）焚烧（　　　）
（3）恶劣（　　　）　　　（4）碾碎（　　　）
（5）暴露（　　　）

2. 解释下列词语。
（1）惊涛骇浪：_____
（2）坚忍：_____
（3）黯淡：_____

3. 指出下列句中标点符号使用错误的地方。
（1）"好的运气令人羡慕，而战胜厄运则更令人惊叹"。这是塞涅卡得之于斯多葛派哲学的名言。
（2）《圣经》的"旧约"启示给人们以幸福，而"新约"则启示人们通过战胜苦难去获取幸福。

4. 画出课文中的名句并背诵，咀嚼体味精妙语言，默写出你喜欢的两句。
（1）_____
（2）_____

二、阅读与思考

根据对课文的理解填空。

本文思路清楚、环环相扣而又逻辑分明。文章分三层。

第一层（开头——_____）引用古罗马先哲_____的名言和古代神话故事，指出"逆水行舟则更令人钦佩"，对厄运无所畏惧的人，才是_____。切入题目，设下论题，为后面自己的观点张本。

第二层（_____——_____），把幸运和逆境需要的不同美德加以比较，强调后者比前者更难得。

第三层（_____——结尾），以_____和_____为喻，说明厄运中孕育着希望。

文章从战胜厄运是奇迹，到战胜厄运需要坚忍的品格，最后到厄运不会把我们击垮，反而能显出我们最好的品格，三层意思_____，见解不断丰富，让我们从全新的视角去透视人生的厄运。

三、应用与拓展

1. 诗人雪莱读培根的随笔《论死亡》后,曾赞叹说:培根勋爵是一个诗人。请结合这篇说理散文,谈谈文章所蕴含的诗性美体现在哪里。

2. 请结合约伯的遭遇,探讨如何看待逆境的问题。

3. 有人慨叹"宁为太平犬,不为乱离人",又有人认为"不经一番寒彻骨,怎得梅花扑鼻香",那么我们究竟该如何来看待顺境与逆境呢?以"顺境、逆境哪个更利于成长"为话题,选取一个角度,谈谈你的看法。

第二单元

咏 水 仙

一、积累与整合

1. 给下列加点的字注音。

(1) 云霓(　　　)　　(2) 瞥见(　　　)　　(3) 涟漪(　　　)(　　　)

(4) 心旷神怡(　　　)(　　　)　　(5) 舞踊不息(　　　)

2. 解释下列词语。

(1) 摇曳：

(2) 潇洒：

(3) 涟漪：

(4) 心旷神怡：

3. 用"/"为下列诗句标出朗读节奏。

(1) 我独自漫游，像山谷上空悠悠飘过的一朵云霓，

(2) 蓦然举目，我望见一丛金黄的水仙，缤纷茂密；

4. 填空。

《咏水仙》作者_____，_____(国家)作家，作品有_____等，这首诗的特点是_____。

二、阅读与思考

1. 阅读下面诗段，回答问题。

　　我独自漫游，像山谷上空
　　悠悠飘过的一朵云霓，
　　蓦然举目，我望见一丛
　　金黄的水仙，缤纷茂密；
　　在湖水之滨，树阴之下，
　　正随风摇曳，舞姿潇洒。

(1) 作者为什么把自己比喻成天空的一朵"云霓"？

(2) 作者用"蓦然"一词意在说明什么？潇洒摇曳的水仙带给诗人的是什么？

2. 阅读下面诗段，回答问题。

　　　　　　　湖面的涟漪也迎风起舞，
　　　　　　　水仙的欢悦却胜似涟漪；
　　　　　　　有了这样愉快的伴侣，
　　　　　　　诗人怎能不心旷神怡！
　　　　　　　我凝望多时，却未曾想到
　　　　　　　这美景给了我怎样的珍宝。

(1) 诗人为何认为"水仙的欢悦却胜似涟漪"？

(2) 诗人没有想到水仙给了自己珍宝般的帮助，从全诗看，这种珍宝是什么？

三、应用与拓展

依照下面的诗句，另选择一种意象，通过情境表达自己的思想感受（不要求与原句字数相同）。

　　　　　　　墙角的花！
　　　　　　　你孤芳自赏时，
　　　　　　　天地就小了。

狗　之　歌

一、积累与整合

1. 给下列加点的字注音。
(1) 舔梳(　　　)　　(2) 茸毛(　　　)　　(3) 狗崽(　　　)
(4) 栖落(　　　)　　(5) 踉踉跄跄(　　　)(　　　)　(6) 两肋(　　　)

2. 解释下列词语。

(1) 踉踉跄跄：_____

(2) 无精打采：_____

3. 填空。

叶赛宁，_____（国家）作家，作品有_____等，这首诗以狗的故事表达了诗人_____

的感情。

二、阅读与思考

1. 阅读下面诗段，回答问题。

母狗沿着雪堆奔跑，
跟着主人的脚迹追踪。
而那没有结冻的水面，
长久地、长久地颤动。

(1) 这一段有两个情景画面，请把它叙述出来。

_____

_____

(2) 诗人写水面的颤动为何连用"长久地"来修饰？从中可以看出诗人是什么样的态度？

_____

_____

2. 为什么在母狗的眼中，连牛栏上空悬挂的月牙也成了自己的小宝贝？它为什么会对着蓝色的天空悲伤地哀叫？

_____

_____

3. 诗的最后一节，人们"像是扔过一串串赏钱"一样把石块掷向失子的母狗说明了什么？无声滚动的狗眼又带给我们怎样的思考？

_____

_____

三、应用与拓展

《狗之歌》是叶赛宁早期的诗作,高尔基谈到这首诗时曾说:"依我看来,在俄罗斯文学中,他是第一个善于描写动物的人,并且是怀着极其真挚的感情写的。"请结合诗歌具体内容进行分析。

_____
_____
_____
_____

当你老了

一、积累与整合

1. 给下列加点的字注音。
  （1）欢畅(　　)　（2）爱慕(　　)　（3）打盹(　　)　（4）朝圣者(　　)
  （5）凄然(　　)　（6）踱着(　　)　（7）脸庞(　　)

2. 诗人多次向心爱的人表达爱慕之情,但都遭到了拒绝,读完诗歌你能否感受到诗人的痛苦之情?为什么?

_____
_____

3. "朝圣"原指宗教徒朝拜宗教圣地,如伊斯兰教徒朝拜麦加,在诗中诗人用"朝圣者的灵魂"来指代自己所爱的人,你认为合适吗?为什么?

_____
_____

二、阅读与思考

当你老了

当你老了,头白了,睡思昏沉,
炉火旁打盹,请取下这部诗歌,
慢慢读,回想你过去眼神的柔和,
回想它们昔日浓重的阴影;

多少人爱你青春欢畅的时辰，
爱慕你的美丽，假意或真心，
只有一个人爱你那朝圣者的灵魂，
爱你衰老了的脸上痛苦的皱纹；

垂下头来，在红光闪耀的炉子旁，
凄然地轻轻诉说那爱情的消逝，
在头顶的山上它缓缓踱着步子，
在一群星星中间隐藏着脸庞。

1. 请简要描述诗歌所描绘的场景，并说说这样的场景设置表达了诗人怎样的情感。

_____

_____

2. 诗中两次提到"炉火"，请你分析它作为意象的表达作用。

_____

_____

3. 在最后两句诗中，在头顶的山上缓缓踱步的"它"指的是什么？这样的结尾有什么好处？说说你的理解。

_____

_____

三、应用与拓展

阅读诗歌，回答问题。

当你衰老之时
龙　萨

当你衰老之时，伴着摇曳的灯，
晚上纺纱，坐在炉边摇着纺车，
唱着、赞叹着我的诗歌，你会说：
"龙萨赞美过我，当我美貌年轻。"
女仆们已因劳累而睡意朦胧，
但一听到这件新闻，没有一个
不被我的名字惊醒，精神振作，

祝福你受过不朽赞扬的美名。
那时,我将是一个幽灵,在地底,
在爱神木的树荫下得到安息;
而你呢,一个蹲在火边的婆婆,
后悔曾高傲地蔑视了我的爱。——
听信我:生活吧,别把明天等待,
今天你就该采摘生活的花朵。

注:龙萨(1524—1585),法国卓越的爱情诗人。作品有《给爱兰娜的十四行诗》。

叶芝的《当你老了》就借鉴了龙萨《当你衰老之时》的抒情方式,试比较两首诗的异同,并体味这种抒情方式的魅力。

_____

_____

_____

未选择的路

一、积累与整合

1. 给下列加点的字注音。
(1) 涉足(   ) (2) 伫立(   ) (3) 荒草萋萋(   ) (4) 延绵(   )

2. 诗歌朗读要求读音准确,停顿恰当,能初步读出语气。请根据你的理解把握下列诗句的节奏,可用"/"在句中标示。

黄色的树林里分出两条路,
可惜我不能同时去涉足,
我在那路口久久伫立,
我向着一条路极目望去,
直到它消失在丛林深处。

但我却选了另外一条路,
它荒草萋萋,十分幽寂,
显得更诱人、更美丽;
虽然在这两条小路上,
都很少留下旅人的足迹。

3. 古往今来,关于"路"的描写有很多,请从你的记忆中找出几句,准确填写在下列横线上。

_____

_____

_____

二、阅读与思考

黄色的树林里分出两条路,
可惜我不能同时去涉足,
我在那路口久久伫立,
我向着一条路极目望去,
直到它消失在丛林深处。

但我却选了另外一条路,
它荒草萋萋,十分幽寂,
显得更诱人、更美丽;
虽然在这两条小路上,
都很少留下旅人的足迹。

虽然那天清晨落叶满地,
两条路都未经脚印污染。
啊,留下一条路等改日再见!
但我知道路径延绵无尽头,
恐怕我难以再回返。

也许多少年后在某个地方,
我将轻声叹息将往事回顾:

_____

_____,

_____。

1. 根据原诗完成最后一段文字默写。
2. 第一节中说"我在那路口久久伫立","我"为什么会"久久伫立"? 这又说明了什么?

3. 这首诗实际写的是人生道路,既然已经作出了选择,为什么还要写未选择的路呢?诗以"未选择的路"为题,合适吗?

三、应用与拓展

热爱生命
汪国真

我不去想是否能够成功
既然选择了远方
便只顾风雪兼程

我不去想能否赢得爱情
既然钟情于玫瑰
就勇敢地吐露真诚

我不去想身后会不会袭来寒风冷雨
既然目标是地平线
留给世界的只能是背影

我不去想未来是平坦还是泥泞
只要热爱生命
一切,都在意料中

1.《热爱生命》是一首清新的哲理诗,四个段落看似相似,却各有其趣,请找出四个段落中的意象,并说说诗歌表达了什么哲理。

2. "只要热爱生命,一切,都在意料中",结合全诗,说说诗人是怎样表现出对生命的热爱的。

我愿意是激流

一、积累与整合

1. 给下列加点的字注音。
(1) 崎岖(　　)(　　)　　(2) 稠密(　　)　　(3) 做窠(　　)
(4) 峻峭(　　)(　　)　　(5) 懊丧(　　)　　(6) 攀援(　　)

2. 解释下列词语。
(1) 稠密：_____
(2) 做窠：_____

3. 填空题。
《我愿意是激流》的作者_____，_____(国家)作家,作品有_____、_____等。

二、阅读与思考

1. 本诗使用了大量的意象来比喻"我"和"爱人",请从诗歌中找出相应的意象。

2. 诗歌每一节都以"我愿意"开头,表达了作者怎样的情感?

三、应用与拓展

阅读《致橡树》与《我愿意是激流》,比较两首诗所表达的爱情观。

致 橡 树

舒 婷

我如果爱你——
绝不像攀援的凌霄花,

借你的高枝炫耀自己;
我如果爱你——
绝不学痴情的鸟儿,
为绿荫重复单调的歌曲;
也不止像泉源,
常年送来清凉的慰藉;
也不止像险峰,
增加你的高度,衬托你的威仪。
甚至日光。
甚至春雨。
不,这些都还不够!
我必须是你近旁的一株木棉,
作为树的形象和你站在一起。
根,紧握在地下,
叶,相触在云里。
每一阵风过,
我们都互相致意,
但没有人,
听懂我们的言语。
你有你的铜枝铁干,
像刀,像剑,
也像戟;
我有我红硕的花朵,
像沉重的叹息,
又像英勇的火炬。
我们分担寒潮、风雷、霹雳;
我们共享雾霭、流岚、虹霓。
仿佛永远分离,
却又终身相依。
这才是伟大的爱情,
坚贞就在这里:
爱——
不仅爱你伟岸的身躯,

也爱你坚持的位置,足下的土地。

远古阿波罗裸躯残雕

一、积累与整合

1. 给加点的字注音并解释词语。

（1）矜持：_____

（2）目眩：_____

2. 填空。

《远古阿波罗裸躯残雕》的作者是_____，_____（国家）人，作品有_____等。

二、阅读与思考

1. 诗人面对的是阿波罗残雕，但为什么他觉得这个残雕发出的是神圣的光芒呢？诗人是通过什么来展示这种光芒的呢？

2. 诗人为什么会在全诗的最后说"你必须把你的生活改变"，作者想借这句诗表达什么？

三、应用与拓展

阅读下列这首诗,回答问题。

严重的时刻

［奥地利］里尔克

此刻有谁在世上某处哭，

无缘无故在世上哭,
在哭我。

此刻有谁在夜间某处笑,
无缘无故在夜间笑,
在笑我。

此刻有谁在世上某处走,
无缘无故在世上走,
走向我。

此刻有谁在世上某处死,
无缘无故在世上死,
望着我。

(陈敬容译)

  这是里尔克早期成名作,全诗表现的是一种主观的幻象,神秘而又荒诞。对这首诗歌的解读历来众说纷纭,请你尝试思考如下问题:① 世上没有无缘无故的哭,诗人为什么会说有人在无缘无故地哭呢?这种无缘无故的哭在诗人看来为什么又是"在哭我"?② 想想会不会真有一种世间的奔走是无缘无故的呢?当诗人说这种无缘无故的走在"走向我"时,你有怎样的阅读体验?③ 假设我们相信生命有无缘无故的消失,当诗人说出这种无缘无故的死在"望着我"时,他的内心会是怎样的感受?④ 诗人想象了无缘无故的哭在"哭我"、无缘无故的笑在"笑我"、无缘无故的走在"走向我"、无缘无故的死在"望着我",这样的时刻为什么会被诗人定性为"严重的时刻"?诗人想借诗题传达一种什么概念?

_____
_____
_____
_____
_____

吉檀迦利

一、积累与整合

1. 给下列加点的字注音。

(1) 幽寂(　　　)　(2) 签印(　　　)　(3) 散掷(　　　)　(4) 鄙夷(　　　)

2. 解释下列词语。

(1) 朝圣：_____

(2) 鄙夷：_____

二、阅读与思考

1. 诗35中，诗人一连说了七个"在那里"，"那里"是指哪里？诗人"在那里"为读者描绘了一幅怎样的画面？借此想表达自己怎样的理想？

_____

_____

2. 诗43中，"国王"指什么？如何理解"我在游戏室里所听见的足音，和在群星中的回响是相同的"？

_____

_____

3. 阅读全诗，谈谈你对"国王"的认识。

_____

_____

三、应用与拓展

仿照下面的比喻形式，另写一组句子。要求选择新的本体和喻体，意思完整（不要求与原句字数相同）。

智者的思索是深深的泉眼，从中涌出的水也许很少，但滴滴晶莹；庸者的奢谈是浅浅的沟渠，由此流过的水或许很多，却股股浑浊。

_____

_____

第三单元

勃兰特下跪赎罪受到称赞

一、积累与整合

1. 给下列加点的字注音。

(1) 凛冽( )( )　　(2) 虔诚( )

(3) 赎罪( )　　　　(4) 归咎( )

(5) 纳粹( )( )　　(6) 赫利( )

(7) 祈祷( )( )　　(8) 捷克( )

2. 解释下列词语中加点的字。

(1) 归咎：_____

(2) 赎罪：_____

3. 填空。

(1) 消息除标题外，主要包括_____和_____。_____是消息的眼睛，_____是消息的开头，_____是消息的主要部分。有些消息还提供_____，说明新闻发生的_____。

(2) 本则消息登载于____年____月____日《天津日报》，所报道的主要新闻事实却发生在____年____月____日。消息第____节中"_____"这个暗示时间的词语表明本则消息所报道的新闻事实的时间跨度有_____年。这个暗示时间的词语是指_____年（年份）。

(3) 倒金字塔结构是指新闻消息写作中_____这样一种结构体式。其优点是_____。

二、阅读与思考

1. 新闻报道讲究客观性，为什么本则消息述说勃兰特下跪赎罪的动机，转引自意大利著名女记者法拉奇的采访？

_____

_____

2. 为什么勃兰特在波兰犹太人纪念碑前下跪谢罪,被誉为"欧洲约一千年来最强烈的谢罪表现"?亚洲发生过类似纳粹德国屠杀犹太人的惨剧吗?其屠杀者有过类似勃兰特下跪赎罪的忏悔吗?这又是为什么?请谈谈你的看法。

_____

_____

_____

三、应用与拓展

综合实践活动一(参见教材"综合学习实践活动(三)"):

大家当一回小记者,在校园里或学校周边"用自己的脚去找寻"新闻,如学校运动会、文艺晚会和主题班会,以及其他具有新闻价值的的事件。在发现、确定新闻事实的基础上,进行一次采访活动。

完成下列评价:

项目	目标要求	评价结果	方式
采访计划	1. 采访对象经过了解,有一定的新闻价值; 2. 计划安排周全,要求明确; 3. 分工适当,注意配合。	等第(优、良、合格、不合格)	小组自评,教师复核
采访过程	1. 气氛融洽、和谐; 2. 提问有启发性,易于回答和展开; 3. 转折自然,能逐步深入; 4. 采访组成员配合默契。	等第(优、良、合格、不合格)	小组自评,教师复核
成果展示	采访记录完整,整理清楚。	等第(优、良、合格、不合格)	小组自评,各组间互评,教师复核

采访活动评价:

综合成绩:(小组自评,教师复核)等第_____

个人成绩:(依据各人在活动中所承担的工作量、能力表现、合作精神,由小组综合评定,教师复核)等第_____

我三十万大军胜利南渡长江

一、积累与整合

1. 给下列加点的字注音。

(1) 摧枯拉朽(　　)　　　　　　　　(2) 溃退(　　)

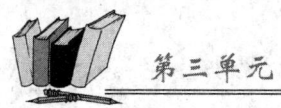

(3) 荻港（　　　）　　　　　　　(4) 诸城（　　　）

2. 解释下列词语。

(1) 经营：_____

(2) 摧枯拉朽：_____

(3) 风平浪静：_____

(4) 即已：_____

3. 填空：

(1)《我三十万大军胜利南渡长江》是毛泽东以新华社记者的名义撰写的消息。题目概括了消息的主要内容。"我三十万大军"突出了_____，"南渡长江"点明了_____，"胜利"点明了_____。

(2) 新闻的三个最基本的特征是_____、_____、_____。

二、阅读与思考

1. 这则消息语言非常凝练，但文中有这样一句描写，"长江风平浪静，我军万船齐放，直取对岸"，这句描写有无必要？请谈谈你的理解。

_____

_____

2. 本则消息使用了大量的四字句，如"摧枯拉朽""军无斗志""纷纷溃退"等，试分析其表达效果。

_____

_____

三、应用与拓展

1. 阅读下则消息，回答文后问题。

人民解放军百万大军横渡长江

（一九四九年四月二十二日）

新华社长江前线二十二日二十二时电　人民解放军百万大军，从一千余华里的战线上，冲破敌阵，横渡长江。西起九江（不含），东至江阴，均是人民解放军的渡江区域。二十日夜起，长江北岸人民解放军中路军首先突破安庆、芜湖线，渡至繁昌、铜陵、青阳、荻港、鲁港地区，二十四小时内即已渡过三十万人。二十一日下午五时起，我西路军开始渡江，地点在九江、安庆段。至发电时止，该路三十五万人民解放军已渡过三分之二，余部二十三日可渡完。这一路现已占领贵池、殷家汇、东流、至德、彭泽之线的广大南岸阵地,正向南扩展中。和中路军所遇敌情一样,我西路军当面之敌亦纷纷溃退,毫无斗志,我军所遇之抵抗,甚为微弱。此种情况,一方面由于人民解放军英勇善战,锐不可当;另一方面,这和国民党反动派拒绝签定和平协定,有很大关系。国民党的广大官兵一致希望和平,不想再打了,听见南京拒绝和平,都很泄气。战犯汤恩伯二十一日到芜湖督战,不起丝毫作用。汤恩伯认为南京江阴段防线是很巩固的,弱点只存在于南京九江一线。不料正是汤恩伯到芜湖的那一天,东面防线又被我军突破了。我东路三十五万大军与西路同日同时发起渡江作战。所有预定计划,都已实现。至发电时止,我东路各军已大部渡过南岸,余部二十三日可以渡完。此处敌军抵抗较为顽强,然在二十一日下午至二十二日下午的整天激战中,我已歼灭及击溃一切抵抗之敌,占领扬中、镇江、江阴诸县的广大地区,并控制江阴要塞,封锁长江。我军前锋,业已切断镇江、无锡段铁路线。

(1) 作者在叙述西路军战况后,插入了一段简要的议论,请找出这段议论并谈谈其在文中的作用。

_____
_____

(2) 消息主体部分为什么按照中、西、东的顺序叙述?西路军与东路军是同时发起渡江战役的,为什么先说西路军,再说东路军?

_____
_____
_____

别了,"不列颠尼亚"

一、积累与整合

1. 给下列加点的字注音。

(1) 查尔斯(　　　)　　(2) 凝重(　　　)

(3) 旗帜(　　　)　　(4) 掩映(　　　)

(5) 停泊(　　　)　　(6) 舰长(　　　)

(7) 瞩目(　　　)　　(8) 汽艇(　　　)

2. 解释下列词语。

(1) 接载：_____

(2) 掩映：_____

(3) 瞩目：_____

(4) 子夜：_____

3. 填空。

(1) 本则消息报道了英国撤离香港时的四个仪式。具体为_____（时间）的_____仪式；_____（时间）的_____仪式；_____（时间）的_____仪式；_____（时间）的_____仪式。

(2) 在这几个仪式的描述中，三次插进了历史背景材料。这三个历史背景材料分别为：

① _____；

② _____；

③ _____。

(3) 消息标题的作用是_____。消息的标题有三种类型：一是_____，是标题的_____，其作用是_____；二是_____，其作用是_____；三是_____，其作用是_____。

(4) 根据这三种标题类型，可组成三种标题形式：一是_____；二是_____；三是_____。

二、阅读与思考

1. 本文获"第八届长江韬奋奖"。课文后的知识卡片引用了该文的获奖评语。评语中有这么一句话："字里行间内涵丰富，通篇让生动的细节说话，不加主观评价，颇带'微言大义'的笔法。"请结合课文，谈谈你对此的理解和看法。

_____

_____

2. 文中有两处细节描写:"在 1997 年 6 月 30 日的最后一分钟,米字旗在香港最后一次降下……","在新的一天来临的第一分钟,五星红旗伴着《义勇军进行曲》冉冉升起……"。请抓住这两个细节,结合全文,联系历史和现实,写下你阅读后的感想。

_____

_____

_____

三、应用与拓展

综合实践活动二(参见教材"综合学习实践活动(三)"):

采访后,在充分把握事实真相的前提下,写一则消息。

完成下列评价:

项目	目标要求	评价结果	方 式
标题	新颖、醒目、一语破的	满分 20 分	个人自评,小组复评,教师核定
导语	交代清楚,能反映事件概貌,要言不繁	满分 25 分	个人自评,小组复评,教师核定
背景	有助于读者了解事件(如无,可以不评)	满分 5 分(如无,并入主体)	个人自评,小组复评,教师核定
主体	展开有层次	满分 20—25 分	个人自评,小组复评,教师核定
结尾	给人以回味	满分 15 分	个人自评,小组复评,教师核定
语言	平实通畅	满分 15 分	个人自评,小组复评,教师核定

消息写作评价:

总分:个人自评:_____

小组复评:_____

教师核定:_____

落 日

一、积累与整合

1. 给下列加点的字注音。

(1) 密密簇簇(　　　)　　(2) 舱面(　　　)

(3) 舷梯(　　　)　　　　(4) 挪动(　　　)

(5) 勋绶(　　　)　　　　(6) 拾级(　　　)

(7) 翘首(　　　)　　　　(8) 一瘸一拐(　　　)

(9) 重步而行(　　　)　　(10) 投掷(　　　)

(11) 半响(　　　)　　　 (12) 倚杖椅边(　　　)

(13) 此之谓欤(　　　)　 (14) 厥功甚伟(　　　)

(15) 湔雪(　　　)

2. 解释下列词语中加点的字。

(1) 白浪如练：_____　　(2) 古色古香：_____

(3) 或立或跪：_____　　(4) 勋绶：_____

(5) 目不暇接：_____　　(6) 重步而行：_____

(7) 天网恢恢：_____　　(8) 天理昭彰：_____

(9) 其此之谓欤：_____　(10) 厥功甚伟：_____

(11) 湔雪：_____

3. 填空。

(1) 本文主要写了签字仪式的五个场景。具体为

① _____；

② _____；

③ _____；

④ _____；

⑤ _____。

(2) 本文是通讯,在对签字仪式五个场景的描述中,插进了精当而必要的抒情、议论。主要在三处,具体为：

① 第___节中的_____；

②第____节中的_____；

③第____节中的_____。

(3) 通讯与消息的不同点是：在_____上，消息_____，通讯则_____；在_____上，消息_____，通讯则_____。

二、阅读与思考

1. 作者在文中发出了这样的感慨："我猛然一震，'九·一八！'1931年9月18日……现在14年过去了……天网恢恢，天理昭彰，其此之谓欤！""旧耻已湔雪，中国应新生。"请联系历史，眼观现实，写下你对此的理解与思考。

_____

_____

_____

2. 本篇课文后的知识卡片中引用了作者晚年谈及当年写作时的一段话："……我想我必须以一个中国人的立场，中国人的感情来写好这篇报道。"请结合课文，举例说说，文中有哪些地方，又是怎样体现了"一个中国人的立场"和"中国人的感情"的。

_____

_____

_____

三、应用与拓展

综合实践活动三（参见教材"综合学习实践活动（三）"）：

学习理解《落日》知识卡片第一则和《飞向太平洋》的知识卡片，写一篇通讯或特写，对所写的消息作进一步详细的"深度"报道。符合新闻写作的一般要求：把事件发生的时间、地点、过程及其中的主要人物交代清楚。

完成下列评价：

项目	目标要求	评价结果	方　式
标题	一语破的，有一定的文学味	满分15分	个人自评，小组复评，教师核定
主题	有明确的主题，且蕴含于报道中	满分15分	个人自评，小组复评，教师核定
细节	有局部的细节描述	满分15分	个人自评，小组复评，教师核定
表达方式	叙述、描写、抒情、议论多种表达方式综合运用	满分15分	个人自评，小组复评，教师核定

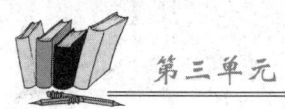

续 表

项目	目标要求	评价结果	方　　式
主体	展开有层次	满分15分	个人自评,小组复评,教师核定
结尾	意味深长	满分10分	个人自评,小组复评,教师核定
语言	通畅、生动、形象	满分15分	个人自评,小组复评,教师核定

通讯(特写)写作评价:

总分:个人自评:＿＿＿＿＿＿＿

小组复评:＿＿＿＿＿＿＿

教师核定:＿＿＿＿＿＿＿

飞向太平洋——我国运载火箭发射试验目击记

一、积累与整合

1. 给下列加点的字注音。

(1) 冉冉(　　)(　　)　　(2) 粼粼(　　)(　　)

(3) 荧光(　　)　　(4) 弹道(　　)

(5) 绚丽(　　)　　(6) 震颤(　　)

2. 解释下列词语中加点的字。

(1) 扶摇:＿＿＿＿＿＿＿＿＿＿＿＿＿＿＿＿＿＿＿＿＿＿＿

(2) 喜形于色:＿＿＿＿＿＿＿＿＿＿＿＿＿＿＿＿＿＿＿＿＿

3. 填空。

本文报道了＿＿＿＿＿＿＿＿＿＿＿＿＿＿＿＿＿＿＿＿＿这一新闻事件。按＿＿＿＿＿＿顺序,主要抓住发射程序中＿＿＿＿、＿＿＿＿、＿＿＿＿、＿＿＿＿、＿＿＿＿、＿＿＿＿这六个环节来写。

二、阅读与思考

本篇课文后的知识卡片中引用了作者谈此文写作体会时的一段话:"一篇报道最新国防科研成就的通讯,要写实,如写具体的操作和科学等;也要写虚,如写情、写景、写现场气氛等。"请举例说明本文是如何在叙述中描写,以渲染现场气氛的。

＿＿＿

气候变暖与诺亚方舟

一、积累与整合

1. 给下列加点的字注音。

(1) 诉讼（　　　　） (2) 兑现（　　　　）

(3) 缔约（　　　　） (4) 飓风（　　　　）

2. 解释下列词语中加点的字。

(1) 诉讼：_____ (2) 罪魁祸首：_____

(3) 近乎绝望：_____ (4) 捐助：_____

(5) 兑现：_____ (6) 缔约：_____

3. 填空。

(1) 新闻评论是以_____为对象,进行_____的一种文体。新闻评论兼具_____和_____两大特点。

(2) 本文由当时_____这一国际新闻引发了对这个全球性重要问题的分析和评价。作者对这个全球性重要问题所持的观点是_____。

(3) 本文引用了_____、_____、_____这些材料对这一全球性重要问题进行了分析。按文中所述,解决这一问题的途径有_____。目前已取得了以下进展：_____。因此,作者在文末得出了这样一个结论：_____。

二、阅读与思考

1. 本篇课文后的知识卡片中说,新闻评论应"主要结合当前重要的新闻事实、针对群众普遍关心的实际问题和思想问题,表明倾向,阐明观点"。请你谈谈为什么说本篇课文很好地体现了这一要求与特点。

_____

2.新闻评论兼具政论性和新闻性两大特点。请主要阅读1—2节,抓住文中两个表示时态和时效的词语,说说你对新闻评论具有新闻性特点的理解;请主要阅读3—7节,从论点和论据的角度,谈谈你对新闻评论具有政论性特点的理解。

_____

_____

三、应用与拓展

综合实践活动四(参见教材"综合学习实践活动(三)"):

学习理解《气候变暖与诺亚方舟》的知识卡片和《拜金主义要不得》的第二则知识卡片,针对所写消息、通讯或特写的新闻事实,谈谈你的看法,写一篇新闻评论。

完成下列评价:

项目	目标要求	评价结果	方式
标题	醒目,能吸引读者	满分20分	个人自评,小组复评,教师核定
评论对象的选择和概括	有现实的针对性,有教育意义,转述简要	满分20分	个人自评,小组复评,教师核定
议论展开的方式	就事论理,适当引申	满分30分	个人自评,小组复评,教师核定
语言	准确、鲜明、生动、活泼	满分30分	个人自评,小组复评,教师核定

新闻评论写作评价:

总分:个人自评:_____

小组复评:_____

教师核定:_____

拜金主义要不得

一、积累与整合

1.给下列加点的字注音。

(1) 奢侈挥霍(　　)(　　)(　　)　　(2) 众目睽睽(　　)(　　)

(3) 大亨(　　)　　(4) 纸屑(　　)

(5) 奚落(　　)　　(6) 过把瘾(　　)

(7) 别墅(　　)　　(8) 钥匙(　　)

2. 解释下列词语中加点的字。

(1) 不以为然:＿＿＿＿＿＿＿＿ (2) 众目睽睽:＿＿＿＿＿＿＿＿

(3) 奚落:＿＿＿＿＿＿＿＿ (4) 蔓延:＿＿＿＿＿＿＿＿

(5) 古训:＿＿＿＿＿＿＿＿

3. 填空。

本文作者针对当时社会＿＿＿＿＿＿＿＿＿＿＿＿＿＿＿＿＿＿＿＿＿＿＿＿的现象,展开评论,发表了自己的看法与观点,作者的观点是＿＿＿。

二、阅读与思考

本篇课文知识卡片2中说：中国特色的社会主义的新闻舆论事业"在我国改革开放的历史进程中起着非常重要的舆论导向作用。这个作用是不可忽视的"。请根据本篇新闻评论,谈谈你对这段话的理解。

＿＿＿＿＿＿＿＿＿＿＿＿＿＿＿＿＿＿＿＿＿＿＿＿＿＿＿＿＿＿＿＿＿＿

＿＿＿＿＿＿＿＿＿＿＿＿＿＿＿＿＿＿＿＿＿＿＿＿＿＿＿＿＿＿＿＿＿＿

＿＿＿＿＿＿＿＿＿＿＿＿＿＿＿＿＿＿＿＿＿＿＿＿＿＿＿＿＿＿＿＿＿＿

＿＿＿＿＿＿＿＿＿＿＿＿＿＿＿＿＿＿＿＿＿＿＿＿＿＿＿＿＿＿＿＿＿＿

第四单元

边 城(节选)

一、积累与整合

1. 给下列加点的字注音。

(1) 傩送(   )　　　　　(2) 龃龉(   )(   )

(3) 氽 (   )　　　　　　(4) 喧阗(   )

(5) 拮据(   )(   )　　　(6) 荫处(   )

2. 比喻的运用,能增强描写的形象性,请找出下面一段文字中的比喻。

好勇取乐的军士,光赤着个上身,玩着灯打着鼓来了,小鞭炮如落雨的样子,从悬到长竿尖端的空中落到玩灯的光赤赤的肩背上,锣鼓催动急促的拍子,大家皆为这事情十分兴奋。鞭炮放过一阵后,用长凳绑着的大筒灯火,在敞坪一端燃起了引线,先是嗤嗤的流泻白光,慢慢的这白光便吼啸起来,作出如雷如虎惊人的声音,白光向上空冲去,高至二十丈,下落时便洒散着满天花雨。人人把颈脖都缩着,又怕又欣喜。玩灯的兵士,在火花中绕着圈子,俨然毫不在意的样子。

二、阅读与思考

1. 翠翠与傩送相遇而情窦初开,课文中哪几个地方表现了她这方面的微妙心理?(至少举出三处)

2.《边城》创造了充满诗情画意的牧歌意境,请找出课文中具体描写的一个场景加以说明。

3. 文中,作家除了重点描写边城最热闹的节日之———端午节外,还描述了哪些习俗?这样写起到了什么作用?

三、应用与拓展

1. 阅读《边城》全文,领略作家描写自然风光的艺术技巧,写一篇描写家乡自然风光的短文(500字左右)。

2. 阅读《边城》全文,思考翠翠和傩送的爱情为什么是一个悲剧的结局。

将 军 族

一、积累与整合

1. 给下列加点的字注音。
(1) 喏嚅(　　)(　　)　　(2) 瘦骨嶙峋(　　)(　　)
(3) 撺(　　)　　　　　　(4) 蹒跚(　　)(　　)
(5) 揩(　　)　　　　　　(6) 噤(　　)

2. 生动描写人物形象,关键在动词的运用,请找出下文中描写人物动作的动词。

这样地说着,高个子若有所思地将喇叭夹在腋下,一手掏出一支皱得像蚯蚓一般的烟伸到他的眼前,差一点碰到了他的鼻子。他后退了一步,猛力地摇着头,瘪着嘴做出一个笑容。不过这样的笑容,和他要预备吹奏时的表情,是颇难于区别的。高个子便咬那烟,用手扶直了它,划了一支洋火烧红了一端,吧叽吧叽地抽了起来。他坐在一条长木凳上,心在很异样地悸动着。没有看见伊,已经有了五年了吧。但他却能一眼认出伊来。伊站在阳光里,将身子的重量放在左腿上,让臀部向左边画着十分优美的曼陀玲琴的弧。还是那样的站法呵。然而如今伊变得很婷婷了。很多年前,伊也曾这样地站在他的面前。那时他们都在康乐队里,几乎每天都在大卡车的颠簸中到处表演。

二、阅读与思考

1. 找出本课描写人物肖像的文字,想一想具有怎样的特点。(至少四处)

2. 本课比较多地采用了象征手法,作家在描写人物活动的时候,不止一次写到是在月光下,而人物最后一次活动是在斜阳下,这具有怎样的象征意义?

三、应用与拓展

1.《将军族》的对话艺术非常高超,特点也非常突出,请以父母或其他长辈的经历(或故事)为题材,写一段他们之间的对话。

2. 找一篇西方意识流的作品与《将军族》比较一下,说说两者的异同。

英雄的舞蹈

一、积累与整合

1. 给下列加点的字注音。

(1) 澄碧( )　　(2) 亲狎( )

(3) 蹂躏( )( )　　(4) 眩晕( )

2. 人物描写要栩栩如生，除了动词的运用，形容词的运用也非常重要。形容词的运用不在辞藻的华丽，而在恰到好处，请找出下文中的形容词。

"我是替天行道！"张小赖想，猛力地、愤怒地拍了一下他手上的坚强的、光亮的木头；这个突然的声音，和他的脸上的那种轻蔑的、讥嘲的、魔鬼似的神情，使得剩下来的那十几个人肃然了。他凝聚着一种可怕的力气，慢慢地耸起他的瘦削的、仅剩下两块骨头的肩膀来，鼓起眼睛，用那两颗露出的、巨大的眼珠，轻蔑地凝视着什么一个远方，而他的那一件破旧的衣服，就从他的身上，在寂静中滑脱了。这就露出了十几年来这种生涯的记录，那一副可怖的、奇特的骨架。这一副骨架，和它上面的那个魔鬼的头颅，在寂静中轻轻地颤动着。这种生涯，像所有生涯一样，并不是轻而易举的。一个说书人，他的精力和血液，要为各样的装疯作怪，各样的恶魔和幽灵所蹂躏。最初这或者是有趣的，博得全场的哄笑；但到了仅剩下一副骨架在这样的装疯作怪里颤动着的时候，就只能引起一种恐怖的印象了。他没有欢乐，他假装着纵声大笑；他没有悲苦，他逼迫着高声假哭；他伸出两只手来舞蹈；他假装听到了询问，并且捶胸顿足。这样的被什么一种力量支配着而舞蹈的骨架，就真的能够在那些阴暗的茶馆的高台上，产生一种幽灵的气氛了。张小赖，在高台上，幽暗的光线下，高举着两手，站起来了。

二、阅读与思考

1. 小说写张小赖的"英雄"梦，却又有意刻画他的衰老病弱，形成了这个人物在精神和肉体上的强烈反差，作家是怎样刻画他的衰老病弱的？

2. 如何理解小说的结尾,这一结尾具有怎样的含义?

"死了。"一个苍老的、严肃、安静的声音,在寂静中说。

但这个故事,并没有什么其他的意义。

彩　　虹

一、积累与整合

1. 给下列加点的字注音。
   (1) 看涨(　　)　　(2) 鬈发(　　)　　(3) 咳嗽(　　)
   (4) 窥视(　　)　　(5) 挑衅(　　)　　(6) 装潢(　　)
   (7) 思忖(　　)　　(8) 讪讪(　　)　　(9) 捋头发(　　)

2. 将下列词语补充完整。
   (1) 出奇(　　)胜　　(2) 流光(　　)彩　　(3) 心猿(　　)马
   (4) (　　)然若失　　(5) 专心(　　)志　　(6) 含英(　　)华

3. 填空题。
   《彩虹》,作者_____,代表作有_____、_____等。

二、阅读与思考

1. 文章以"彩虹"为题,有什么象征意义?请谈谈你的理解。

2. 文章结尾写道:"他说,我们家的时间坏了。"请谈谈你对这句话的理解。

三、应用与拓展

阅读下文,完成文后的题目。

大　地

毕飞宇

　　在村庄的四周,是大地。某种程度上说,村庄只是海上的一座孤岛。我把大地比喻成海的平面是有依据的,在我的老家,唯一的地貌就是平原,那种广阔的、无垠的、平整的平原。这是横平竖直的平原,每一块土地都一样高,没有洼陷,没有隆起的地方,没有石头。你的视线永远也没有阻隔,如果你看不到更远的地方了,那只能说,你的肉眼到了极限。这句话也可以这样说,你的每一次放眼都可以抵达极限。极限在哪里?在天上。天高,地迥;天圆地方。

　　我想我很小就了解了什么是大。大是迷人的,却折磨人。这个大不是沙漠的大,也不是瀚海的大,沙漠和瀚海的大只不过是你需要跨过的距离。平原的大却不一样了,它是你劳作的对象。每一尺、每一寸都要经过你的手。"在苍茫的大地上"——每一棵麦苗都是手播的——每一棵麦苗都是手割的——每一棵水稻都是手插的——每一棵水稻都是手割的。这是何等的艰辛,何等的艰辛。有些事情你可以干一辈子,但不能想,一想就会胆怯,甚至于不寒而栗。

　　一年的大年初一,下午,家里就剩下了我和我的父亲。我们在喝茶、吸烟、闲聊,其乐融融。我的父亲突然问我,如果把"现在的你"送回到"那个时代",让你在村子里做农民,你会怎么办?我想了很长时间,最后说:"我想我会死在我的壮年。"父亲不再说话,整整一个下午,他不再说话。我说的是我的真实感受,但是,我冒失了,我忘记了说话的对象是父亲。我经常犯这样的错。父亲是"那个时代"活下来的人,我的回答无疑戳到了他的疼处。我还是要说,父亲"活下来"了,这是一个多么了不起的壮举。他老人家经常做噩梦,他在梦里大声地呼叫。我能做的事情就是把他老人家叫醒,赶紧的。我相信,每一次醒来他都如释重负。他老人家一定很享受大梦初醒的轻松和快慰。

　　庄稼人在艰辛地劳作,他们的劳作不停地改变大地上的色彩。最为壮观的一种颜色是鹅黄——那是新秧苗的颜色。我为什么要说新秧苗的鹅黄是"最壮观"的呢?这是由秧苗的"性质"决定的。秧苗和任何一种庄稼都不一样,它要经过你的手,"一棵一棵"地、"一棵一棵"地、"一棵一棵"地插下去。在天空与大地之间,无边无垠的鹅黄意味着什么?意味着大地上密密麻麻的,全是庄稼人的指纹。鹅黄其实是明媚的,甚至是娇嫩的。因为辽阔,因为来自"手工",它壮观了。我想告诉所有的画家,在我的老家,鹅黄实在是悲壮的。

　　我估计庄稼人是不会像画家那样注重色彩的,但是,也未必。"青黄不接"这个词一定是农民创造出来的。从这个意义上说,这个世界上最注重色彩的依然是庄稼人。一青一黄,一枯一荣,大地在缓慢地、急遽地做色彩的演变。庄稼人的悲欢骨子里就是两

种颜色的疯狂轮转:青和黄。青黄是庄稼的颜色、庄稼的逻辑,说到底也是大地的颜色、大地的逻辑。是逻辑就不能出错,是逻辑就难免出错。在我伫立在田埂上的时候,我哪里能懂这些?我的瞳孔里头永远都是汪洋:鹅黄的汪洋——淡绿的汪洋——翠绿的汪洋——乌青的汪洋——青紫的汪洋——斑驳的汪洋——淡黄的汪洋——金光灿灿的汪洋。它们浩瀚,壮烈,同时也死气沉沉。我性格当中的孤独倾向也许就是在一片汪洋的岸边留下的,对一个孩子来说,对一个永无休止的旁观者来说,外部的浓烈必将变成内心的寂寥。

大地是色彩,也是声音。这声音很奇怪——你不能听,你一听它就没了,你不听它又来了。泥土在开裂,庄稼在抽穗,流水在浇灌,这些都是声音,像呢喃,像交头接耳,鬼鬼祟祟又坦坦荡荡,它们是枕边的耳语。麦浪和水稻的汹涌则是另一种音调,无数的、细碎的摩擦,叶对叶,芒对芒,秆对秆。无数的、细碎的摩擦汇聚起来了,波谷在流淌,从天的这一头一直滚到天的那一头,是啸聚。声音真的不算大,但是,架不住它的厚实与不绝,它成巨响的尾音,不绝如缕。尾音是尾音之后的尾音,恢宏是恢宏中间的恢宏。

还有气味。作为乡下人,我喜欢乡下人莫言。他的鼻子是一个天才。我喜欢莫言所有的关于气味的描述,每一次看到莫言的气味描写,我就知道了,我的鼻子是空的,有两个洞,从我的书房一直闻到莫言的书房,从我的故乡一直闻到莫言的故乡。

福楼拜在《包法利夫人》里说过:"大自然充满诗意的感染,往往靠作家给我们。"这句话说得好。不管是大自然还是大地,它的诗意和感染力是作家提供出来的。无论是作为一个读者还是作为一个作者,我都要感谢福楼拜的谦卑和骄傲。

大地在那儿,还在那儿,一直在那儿,永远在那儿。这是泪流满面的事实。

1. 作者笔下的"大地"有哪些特点?

2. 有人说:"毕飞宇的作品大都扎根在民间和大地,这使得他的作品具有醒目的厚重感。"此文的"厚重感"体现在何处?谈谈你的看法。

第五单元

子路、曾皙、冉有、公西华侍坐

一、积累与整合

1. 给下列加点的字注音。

(1) 喟然叹曰(　　　)　　　　(2) 千乘之国(　　　)

(3) 以俟君子(　　　)　　　　(4) 夫子哂之(　　　)

(5) 因之以饥馑(　　　)　　　(6) 风乎舞雩(　　　)

2. 解释下列各句中加点的字词。

(1) 为国以礼,其言不让:

(2) 夫子喟然叹曰:"吾与点也!":＿＿＿＿＿＿＿

(3) 摄乎大国之间:＿＿＿＿＿＿＿

(4) 可使有勇,且知有方也:＿＿＿＿＿＿＿

(5) 子路率尔而对:＿＿＿＿＿＿＿

(6) 由也为之,比及三年:＿＿＿＿＿＿＿

3. 填空。

(1) 孔子,名丘,字＿＿＿＿,是我国古代伟大的＿＿＿＿＿＿、＿＿＿＿＿＿和政治家,是＿＿＿＿学派的创始人。

(2)《论语》是由＿＿＿＿＿＿＿＿＿＿＿＿＿编撰而成,共＿＿＿＿＿＿＿篇。

4. 将下列各句翻译成现代汉语。

(1) 居则曰:"不吾知也!"

＿＿＿＿＿＿＿＿＿＿＿＿＿＿＿＿＿＿＿＿＿＿＿＿＿＿＿＿＿＿＿＿＿＿＿＿＿＿

(2) 如其礼乐,以俟君子。

＿＿＿＿＿＿＿＿＿＿＿＿＿＿＿＿＿＿＿＿＿＿＿＿＿＿＿＿＿＿＿＿＿＿＿＿＿＿

(3) 宗庙之事,如会同,端章甫,愿为小相焉。

＿＿＿＿＿＿＿＿＿＿＿＿＿＿＿＿＿＿＿＿＿＿＿＿＿＿＿＿＿＿＿＿＿＿＿＿＿＿

(4) 莫春者，春服既成。

二、阅读与思考

1. 子路、冉有、公西华的言志各有什么个性特点？

2. 孔子为什么特别欣赏曾晳言志的内容？

3. 孔子对子路、冉有、公西华的言志如何评价？

4. 孔子鼓励弟子们各言其志，反映了什么样的教育思想？

三、应用与拓展

1. 将下列文字译成现代汉语。

子路从而后，遇丈人，以杖荷蓧。子路问曰："子见夫子乎？"丈人曰："四体不勤，五谷不分，孰为夫子？"植其杖而芸。子路拱而立。止子路宿，杀鸡为黍而食之，见其二子焉。

明日，子路行以告。子曰："隐者也。"使子路反见之。至，则行矣。子路曰："不仕无义。长幼之节，不可废也；君臣之义，如之何其废之？欲洁其身，而乱大伦。君子之仕也，行其义也。道之不行，已知之矣。"（选自《论语·微子第十八》）

2. 阅读下面一段话,分析其中所体现的孔子的思想。

颜渊、季路侍。子曰:"盍各言尔志?"子路曰:"愿车马,衣轻裘,与朋友共,敝之而无憾。"颜渊曰:"愿无伐善,无施劳。"子路曰:"愿闻子之志。"子曰:"老者安之,朋友信之,少者怀之。"(选自《论语·公冶长第五》)

___

___

___

逍 遥 游(节选)

一、积累与整合

1. 给下列加点的字注音。

(1) 北冥(　　)　　(2) 抟(　　)　　(3) 坳堂(　　)

(4) 夭阏(　　)　　(5) 蜩(　　)　　(6) 枪榆枋而止(　　)(　　)

(7) 舂粮(　　)　　(8) 决起而飞(　　)　　(9) 蟪蛄(　　)(　　)

(10) 晦朔(　　)(　　)　　(11) 赤鷃(　　)　　(12) 数数然(　　)

(13) 泠然(　　)　　(14) 恶乎待(　　)　　(15) 至人无己(　　)

2. 解释下列加点的词语。

(1) 怒而飞:___

(2)《齐谐》者,志怪者也:___

(3) 抟扶摇而上者九万里:___

(4) 野马也,尘埃也:___

(5) 天之苍苍,其正色邪:___

(6) 置杯焉则胶:___

(7) 我决起而飞:___

(8) 适百里者:___

(9) 绝云气:___

(10) 且适南冥也:___

(11) 知效一官:___

(12) 行比一乡：_____

(13) 未数数然也：_____

(14) 泠然善也：_____

(15) 恶乎待：_____

3. 请指出下列句子中的通假字。

(1) 北冥有鱼：_____

(2) 小知不及大知：_____

(3) 此小大之辩也：_____

(4) 知效一官：_____

(5) 旬有五日而后反：_____

4. 填空。

《逍遥游》选自_____，作者_____，____（朝代）人，_____学派的集大成者，后人将他与老子并称"_____"。

二、阅读与思考

1. 文章多处写到了"笑"，请找出来并谈谈其中蕴含了作者怎样的态度及情感。

_____

_____

_____

2. 作者为了说明"小知不及大知，小年不及大年"这个道理，举了哪些例子？

_____

_____

_____

3. 第 6 段"汤之问棘"与上文有重复，是不是文章的败笔？请说说你的理解。

_____

_____

_____

4. 庄子所说的"逍遥"是什么？对庄子追求的"逍遥游"，你是如何看待的？

_____

三、应用与拓展

阅读下面的文字,完成文后的题目。

惠子相梁
庄 子

惠子相梁,庄子往见之。或谓惠子曰:"庄子来,欲代子相。"于是惠子恐,搜于国中三日三夜。庄子往见之,曰:"南方有鸟,其名为鹓鶵,子知之乎?夫鹓鶵发于南海,而飞于北海,非梧桐不止,非练实不食,非醴泉不饮。于是鸱得腐鼠,鹓鶵过之,仰而视之曰:'吓!'今子欲以子之梁国而吓我邪?"

(选自《庄子·秋水》)

1. 翻译文中画线的句子。
(1) 惠子相梁,庄子往见之。

_____

(2) 非梧桐不止,非练实不食,非醴泉不饮。

_____

(3) 今子欲以子之梁国而吓我邪?

_____

2. 文章中,庄子举了鹓鶵的例子,其用意是什么?

_____

_____

劝　学

一、积累与整合

1. 给下列加点的字注音。
(1) 木直中绳(　　)　　(2) 锲而不舍(　　)
(3) 跂而望矣(　　)　　(4) 君子生非异也(　　)
(5) 不积跬步(　　)　　(6) 骐骥一跃(　　)(　　)
(7) 驽马十驾(　　)　　(8) 金石可镂(　　)

(9) 虽有槁暴（　　）（　　）（　　）

(10) 君子博学而日参省乎己（　　）（　　）

2. 填空。

《劝学》节选自_____。荀子是_____时期_____国人,他认为人性本来是_____的,所以特别重视_____的作用。

3. 找出下列各句中的通假字。

(1) 虽有槁暴,不复挺者（　　　　）

(2) 君子生非异也,善假于物也（　　　　）

(3) 则知明而行无过矣（　　　　）

4. 将下列各句译成现代汉语。

(1) 故木受绳则直,金就砺则利。

(2) 假舟楫者,非能水也,而绝江河。

(3) 积土成山,风雨兴焉；积水成渊,蛟龙生焉。

(4) 顺风而呼,声非加疾也,而闻者彰。

二、阅读与思考

1. 荀子是从哪几个方面来论述"学不可以已"的?

2. 课文运用了哪些比喻来阐述学习要持之以恒?

3. 荀子为什么特别强调学习的重要?

三、应用与拓展

1. 阅读下面一段文字,借助工具书,将其译成现代汉语。

　　南方有鸟焉,名曰蒙鸠。以羽为巢,而编之以发,系之苇苕。风至苕折,卵破子死。巢非不完也,所系者然也。西方有木焉,名曰射干,茎长四寸,生于高山之上,而临百仞之渊。木茎非能长也,所立者然也。蓬生麻中,不扶而直;白沙在涅(黑泥),与之俱黑。兰槐之根是为芷,其渐之滫,君子不近,庶人不服。其质非不美也,所渐者然也。故君子居必择乡,游必就士,所以防邪僻而近中正也。(选自《劝学》)

2. 阅读下面一段文字,写一则300字左右的读后感。

　　不登高山,不知天之高也;不临深渊,不知地之厚也;不闻先王之遗言,不知学问之大也。干越、夷貉之子,生而同声,长而异俗,教使之然也。《诗》曰:"嗟尔君子,无恒安息,靖共尔位,好是正直。神之听之,介而景福。"神莫大于化道,福莫长于无祸。(选自《劝学》)

过 秦 论

一、积累与整合

1. 给下列加点的字注音。

(1) 陈轸( )　　　　　　　　(2) 逡巡( )

(3) 铦于钩戟( )　　　　　　(4) 膏腴之地( )

(5) 锋镝( )　　　　　　　　(6) 度长絜大( )

(7) 亡矢遗镞( )　　　　　　(8) 蒙恬( )

(9) 鞭笞天下( )　　　　　　(10) 瓮牖绳枢( )

2. 填空。

(1)《过秦论》选自_____,编者为_____。

(2)"过秦"的意思是_____。

(3) 贾谊是西汉著名的_____和_____。

3. 解释下列各句中加点的词语。

(1) 不爱珍器重宝肥饶之地：_____

(2) 流血漂橹：_____

(3) 执敲扑而鞭笞天下：_____

(4) 蹑足行伍之间：_____

(5) 非及向时之士也：_____

(6) 于是秦人拱手而取西河之外：_____

4. 将下列各句译成现代汉语。

(1) 君臣固守以窥周室。

_____

(2) 东割膏腴之地,北收要害之郡。

_____

(3) 始皇既没,余威震于殊俗。

_____

(4) 天下云集响应,赢粮而景从。

_____

(5) 谪戍之众,非抗于九国之师也。

二、阅读与思考

(1) 导致秦王朝快速灭亡的根本原因是什么?

(2) 课文的最后一段是如何进行对比论证的?

(3) 本文是怎样将"议论"与"史实"有机结合的?

(4) 作者是如何善用排比来增强文章的气势与表现力的?

三、应用与拓展

1. 阅读下面一段文字,借助工具书,将其译成现代汉语。

秦灭周祀,并海内,兼诸侯,南面称帝,以四海养,天下之士斐然乡风。若是,何也? 曰:近古之无王者久矣。周室卑微,五霸既灭,令不行于天下。是以诸侯力劲,强凌弱,众暴寡,兵革不休,士民罢弊。今秦南面而王天下,是上有天子也。即元元之民冀得安其性命,莫不虚心而仰上。当此之时,专威定功,安危之本,在于此矣。

秦王怀贪鄙之心,行自奋之智,不信功臣,不亲士民,废王道而立私爱,焚文书而酷刑法,先诈力而后仁义,以暴虐为天下始。夫并兼者高诈力,安危者贵顺权,此言取与守不同术也。秦虽离战国而王天下,其道不易,其政不改,是其所以取之守之者异也。孤独而有之,故其亡可立而待也。(选自贾谊《过秦论》)

2. 仔细品读李商隐的《贾生》一诗,分析其中所寄托的情感。

贾　生

宣室求贤访逐臣,贾生才调更无伦。

可怜夜半虚前席,不问苍生问鬼神。

陈　情　表

一、积累与整合

1. 给下列加点的字注音。

(1) 臣以险衅(　　　)　　(2) 宠命优渥(　　　)

(3) 犹蒙矜育(　　　)　　(4) 门衰祚薄(　　　)

(5) 过蒙拔擢(　　　)　　(6) 岂敢盘桓(　　　)

(7) 责臣逋慢(　　　)　　(8) 逮奉圣朝(　　　)

2. 将下列各句译成现代汉语。

(1) 生孩六月,慈父见背。

(2) 寻蒙国恩,除臣洗马。

(3) 本图宦达,不矜名节。

(4) 是臣尽节于陛下之日长。

(5) 外无期功强近之亲。

二、阅读与思考

1. 作者为什么要自贬说"本图宦达,不矜名节"?

2. 课文最后一段中的典故有什么不寻常的意义?

3.《陈情表》以"孝"动人。结合课文内容,具体分析作者是如何表现其对祖母的至诚之情的。

三、应用与拓展

阅读下列短文,按要求完成练习。

张允济,青州北海人也。隋大业中为武阳令,务以德教训下,百姓怀之。元武县与邻接,有人以牸牛依其妻家者八九年,牛孳产至十余头。及将异居,妻家不与,县司累政不能决。其人诣武阳质于允济,允济曰:"尔自有令,何至此也?"其人垂泣不止,具言所以。允济遂令左右缚牛主,以衫蒙其头,将诣妻家村中,云捕盗牛贼,召村中牛悉集,各问所从来处。妻家不知其故,恐被连及,指其所诉牛曰:"此是女婿家牛也,非我所知。"允济遂发蒙,谓妻家人曰:"此即女婿,可以牛归之。"妻家叩头服罪。元武县司闻之,皆大惭。又尝道逢一老母种葱者,结庵守之,允济谓母曰:"但归,不烦守也。若遇盗,当来告令。"老母如其言,居一宿而葱大失。母以告允济,悉召葱地,十里中男女毕集,允济呼前验问,果得盗葱者。曾有行人候晓先发,遗衫于路,行十数里方觉,或谓曰:"我武阳境内,路不拾遗,但能回取,物必当在。"如言果得。远近称之,政绩尤异。(选自《旧唐书·良吏列传》)

1. 将短文译成现代汉语。

2. 试分析文中主人公张允济有哪些"良吏"品格。

参考答案

第一单元

传统文化与文化传统

一、1.（1）pì （2）bāo （3）shè （4）yìng （5）jié （6）qián （7）chěng （8）cù （9）zāo （10）dàn （11）diàn （12）gòu

2.（1）时过境迁：随着时间的推移，情况发生变化。

（2）明日黄花：比喻过时或无意义的事物。

（3）昙花一现：原来比喻事物难得出现，现在用来比喻某些事物或人一出现就很快消逝。

（4）孤芳自赏：把自己比做仅有的香花而自我欣赏。比喻自命清高。

（5）销声匿迹：销：消失；匿：隐藏；迹：踪迹。指隐藏起来，不公开露面。

（6）面目全非：样子完全不同了。形容改变得不成样子。

（7）斑驳陆离：形容色彩错杂纷乱。

二、（一）1.（1）与时俱进 （2）抱残守缺 （3）播迁他邦 （4）昙花一现

2. A. 大小　B. 久暂　C. 广狭

3. 传统文化是历代存在过的种种物质的、制度的和精神的文化实体和文化意识。例如民族服饰、生活习俗、古典诗文、忠孝观念之类，也就是通常所说的文化遗产。它具有时代性和民族性。

4. 传统文化或者与时俱进，演化出新的内容与形式；或者抱残守缺，固化为明日的黄花。也有的播迁他邦，重振雄风；也有的生不逢辰，昙花一现，未老而先天。文化的"应运而生"是指各个时代的文化都有其合理性。

5. 对后人来说，就有一个对传统文化进行分析批判的任务，以明辨其时代风貌，以确认其历史地位，以接受或拒绝其余风遗响。

（二）1. 民族的集体意识和集体无意识也叫共同心理状态，指的是一个民族区别于其他民族的独特的共同的心理状态。从选文第二段可见，"有它们共同的意识和无意识，或者叫共同的心理状态"，再根据下文具体阐释。

解答这道题目时，在适当引用原文的基础上还需概括，明确显示其内涵。

2. 那些为这一民族生活所孕育、所熟悉、所崇尚的心理，才能时刻得到鼓励和提倡，包括社会的推崇和个人的向往，而互相激荡，其道大行，成为巨大的精神财富和物质力量。这样，日积月累，暑往寒来，文化传统于是乎形成。

三、1.《周易》"天行健，君子以自强不息"，表达了我们民族生生不息、欣欣向荣的刚健自强的精神。"穷则变、变则通、通则久"，是我们民族不断进取的变革意识之写照。孟子的"富贵不能淫，贫贱不能移，威武不

能屈"表达了中华民族的浩然正气……为追求和实现这些精神和高尚品质,无数仁人志士不畏艰险、勤于探索、勇于实践,流血捐躯在所不惜。但是也应看到,我们民族既有融会百川的气概,也有唯我独尊的心态;有变革求新的精神,也因因循守旧的习惯;有兼容并包的传统,也不排除"非我族类,其心必异"的狭隘襟怀。

2. 不论是从媒体的角度,还是从学术的角度,抑或从社会文化的角度,十博士与于丹如果单就学术进行争论,都是有益无害的。于丹对传统文化的诠释固然有不足之处,但十博士打着尊重传统的旗号,要求于丹从百家讲坛下课,也违背了十博士自己说的"民主必须首先是自由的。"

米洛斯的维纳斯

一、1. (1) yú (2) zhuì (3) qíng (4) jiǒng (5) hù (6) sù (7) jué (8) chěng (9) chèn (10) tǒng

2. (1) 烘托:陪衬,使被烘托者更鲜明突出。 (2) 出神入化:形容技艺到了绝妙的境地。 (3) 矫揉造作:形容过分做作,很不自然。 (4) 气氛:在一定环境中给人某种强烈感觉的精神或景象。 (5) 毋庸赘言:无须多说。

3. 清冈卓行,日本,希腊,米洛斯的阿芙罗蒂德

二、(一) 1. (1) 攫住 (2) 出神入化

2. 双臂的丧失反倒给人以广阔的想象空间,使雕像的整体美更加凸现,还增加了她的神秘性。

3. 艺术作品的审美价值、艺术作品的魅力。

(二) 1. 点出雕像丢失双臂使得艺术价值更深广。用拟人的手法,雕像是有意(为了……为了……为了……)丢失双臂,表现更生动;又是无意识(天意)之间丢失了双臂,更增神秘色彩。

2. 作者认为,真正的原形,双臂完整的那个维纳斯,远没有双臂残缺的维纳斯具备整体美。从艺术性来讲,应该肯定的不是有手臂的原形,倒应该是双臂残缺的维纳斯。一旦真正的原形出现在面前,使得由残缺而产生的美感丧失,那是令人恼火的。

3. 如果手臂完好,那只是一种特定的形态,是单一的,特殊的;手臂残缺,则能唤起人们无穷的想象,想象出无数双秀美的玉臂,那是不定型性的,具有普遍性的,因而是更完整的。维纳斯失去双臂,在艺术上倒是质的飞跃。

三、1. 莫高窟本身是由一千多年鲜活的艺术积累而成,就是血脉流畅的动态的艺术。虽然已经过去千年,但是艺术形象栩栩如生,艺术的魅力感人。看莫高窟,感受到力与美的奔涌,感受着中华民族艺术的恒久魅力。

2. 到别的洞窟还能思忖片刻,而这里,一进入就让你燥热,让你失态,让你只想双足腾空。

3. 这里什么也没有,只有人的生命在蒸腾。

4. ① 色彩绚丽 ② 线条流利 ③ 形象生动 ④ 神态逼真 ⑥ 气韵流畅 ⑤ 场面宏伟(要求答案不少于3点)

论雅俗共赏

一、1. (1) kuǎ (2) tuì (3) chen (4) chán (5) wàng (6) zhuàn (7) què (8) qū (9) jué (10) shì

(11) pì　(12) huì

2.(1)遇到优秀的文章大家共同阅读思考,品味出其中的奇妙与含义。　(2)遇到不同的观点大家共同讨论分析。　(3)指封建社会中位尊、禄厚、权重、势大的贵族。　(4)指某些艺术创作优美通俗,各种文化程度和艺术品位的人都能欣赏。　(5)文章气势宏大而语言适宜。　(6)提起渔网上的大绳一抛,一个个网眼都张开。比喻文章条理分明,也指抓住事物的关键,从而带动其他环节。

3.朱自清,《绿》,《春》

二、1.唐之前:社会等级固定,门第森严。

唐:门第迅速垮台,社会等级不像先前那样固定,"士"和"民"两个等级的分界不像先前严格和清楚。

宋:印刷术更加发达,学校增多,士人的地位加强。

十九世纪二十世纪之交:产生了知识阶级,产生了欧化的新艺术。

2.文学的雅俗共赏是由社会和其自身两方面原因决定的;雅俗共赏的目的是为了争取广大的群众;雅俗共赏以雅为主,有宾主之分;"共赏者"以俗人为主,要达到雅俗"共赏",雅士需要理会、迁就"俗"的趣味,而俗士也需要学习、蜕变;《西厢记》和《水浒传》是雅俗共赏的典范作品。

三、1.略

简笔与繁笔

一、1.(1) tà　(2) gāi　(3) qìng　(4) sǒng　(5) níng　(6) bó　(7) náo　(8) bèng　(9) rǒng　(10) zhuì

2.(1)繁冗拖沓:拖沓,形容拖拖拉拉,不爽利。繁,复杂。冗,指多余无用的。

(2)言简意赅:语言简练,但思想表达完备。

(3)凝练:紧凑简练。

(4)穷形尽相:本文指文学作品描绘十分细腻,形容极其生动。穷:尽致。

(5)细致入微:精细周密。

(6)惜墨如金:原指作画时用墨先淡后浓,后指写字、作画、作文不轻易下笔,力求精练。

(7)用墨如泼:写文章在特定的环境、条件、气氛之下,需要用繁笔,详细描述。

(8)汩汩滔滔:本文形容用的笔墨多,像水一样连绵不断地流出。汩汩:水流动的声音或样子。滔:充满。

滔滔:大水漫流,连绵不断。

(9)洋洋洒洒:形容文章篇幅很长。洋洋:盛大、众多。洒洒:连绵不断。

(10)毛骨悚然:形容很害怕的样子。

(11)各得其宜:每一个人或事物都得到适宜的安顿。

(12)各尽其妙:每一个人或事物都发挥自己的长处。

(13)风行水上:出自《周易·涣》。

(14)累赘:多余、麻烦。

3.一事一议;篇幅短小;既发议论又谈感受,行文自由,语言精辟,议论形象。

二、1.层次为①②‖③④‖⑤⑥⑦‖⑧⑨⑩。　①②③指出观点"文章繁简不可单以文字的多寡论",④—⑩申说理由,加以论证,总述观点。第一层,句①说的是前人主张,句②是评论性的话,表示肯定前人主张。"诚然""然而"标志着思路的转折。句③对前人观点有所纠正,也是提出自己的看法。思路是,先提出前人观点,然后一分为二辩证地分析,在肯定之后指出偏颇,提出自己的观点。第二层前一小层,句④说"简",句⑤⑥⑦说"繁",思路是由"简"到"繁",更加侧重于分析"繁"。句④对"简"一分为二:"言简意赅",是凝练、厚重,是好的;"言简意少",是平淡、单薄,是不好的。说明对"简"不能一概肯定。句⑤⑥⑦只说用得好的繁笔,说明繁笔也不可一概否定。句⑤说"使繁"的好处,句⑥谈"繁笔"是写作需要,句⑦是对"繁笔"肯定的评论。可见句⑤⑥⑦的思路是围绕繁笔的可取之处,先具体分析繁笔的好处,然后肯定其必要性和艺术效果。第二层后一小层,句⑧说"用简",句⑨说"使繁",句⑩进行总结提出观点,思路由分而总,用概括的事实证明简笔还得讲究"意赅""传神",繁笔也自有妙处。论述重点是提倡简练并非简单否定繁笔,所以先说"用简"再说"使繁"。

2. 讲道理、举例论证(看文字大师们的创作)、对比论证(有时用简……有时使繁)

3. 指"非繁不足以达其妙"。

4. 简笔:要做到言简意赅,一字传神。例:"紧"。"紧"字一语双关,既写出了雪密度之大,速度之快,自然环境逼人,也写出了林冲刺配沧州之后,身后追兵不断的逼人的社会环境。繁笔:好在穷形尽相,细致入微。例:《社戏》中"等小叫天出场"的部分,鲁迅不厌其烦写看什么角色唱,写时间,有些近于啰嗦,为的是形象反映主人公着急等待名角小叫天出场的微妙心理。总结:因此,无论简笔与繁笔,都要做到恰到好处,用作者的话讲就是"简笔与繁笔,各得其宜,各尽其妙"。

三、1.《孟子·万章上》中"得其所哉"的重复出现,既生动地写出了子产的神态,也反映了子产的性格。传神、生动。不能删去。

2. 示例:《祝福》中的一段描写,就恰到好处地用了"繁笔",写出了祥林嫂的精神失常与世人的冷漠:"'我真傻,真的,'祥林嫂抬起她没有神采的眼睛来,接着说,'我单知道下雪的时候野兽在山墺没有食吃,会到村里来';……'我真傻,真的,'她说,'我单知道下雪的时候野兽在山墺没有食吃,会到村里来';……她就只是反复的向人说她悲惨的故事,常常引住了三五个人来听她。但不久,大家也都听得纯熟了,便是最慈悲的念佛的老太太们,眼里也再不见有一点泪的痕迹。后来全镇的人们几乎都能背诵她的话,一听到就烦厌得头痛。'我真傻,真的,'她开首说。'是的,你是单知道雪天野兽在深山里没有食吃,才会到村里来的。'他们立即打断她的话,走开去了。"

论 逆 境

一、1. (1) jí (2) fén (3) liè (4) niǎn (5) bào

2. (1) 惊涛骇浪:凶猛使人害怕的波涛,也比喻险恶的环境或遭遇。

(2) 坚忍:(在艰苦的情况下)坚持而不动摇。

(3) 黯淡:暗淡。

3. (1) 句号应在引号内。 (2) "旧约"和"新约"要用书名号。

4. 略

二、第一层:"惊涛骇浪的勇气"、赛涅卡、"真正伟大的人"。

第二层:"面对幸运我们所需要的美德就是节制"——"比对所罗门财富的刻画要更动人。"

第三层:"顺境会有许多的烦恼" 明丽的花朵由暗淡的背景衬托 香料在焚烧中散发出芬芳 逐层深入

三、1. 此题旨在引导学生关注本文的说理方法与特点,可结合本文具体语句具体分析:大量引用优美隽永的比喻,上下句相互映衬的对比,富有诗意。

2. 言之有理即可。参考:约伯的信心是真正的信心。约伯的信心前面没有福乐作引诱,有的倒是接连不断的苦难。不断的苦难曾使约伯的信心动摇,他质问上帝:作为一个虔诚的信者,他为什么要遭受如此深重的苦难?但上帝仍然没有给他福乐的许诺,而是谴责约伯和他的朋友不懂得苦难的意义。上帝把他伟大的创造指给约伯看,意思是说:这就是你要接受的全部,威力无比的现实,这就是你不能从中单单拿掉苦难的整个世界!约伯于是醒悟。不断的苦难才是不断地需要信心的原因,这是信心的原则,不可稍有更动。倘其预设下丝毫福乐,信心便容易蜕变为谋略,终难免与行贿同流。甚至光荣,也可能腐蚀信心。在没有光荣的路上坚持信心才是最可贵的。以苦难去作福乐的投资,或以圣洁赢取尘世的荣耀,都不是上帝对约伯的期待。

结论:凡在逆境中能坚持的人都是值得尊敬的。在逆境中看到希望、看到光明的人值得我们尊敬,但是在没有希望的逆境中仍能坚持的人,则更值得我们敬重。

3. 通过辩论引导学生认识:在顺境中要珍惜,要感恩;在逆境中要坚持,要依旧心存喜乐;要认真地活在当下。人生的事,没有十全十美。不管处境如何,我们都应认真活在当下,有尊严地活着。境遇变,心境不能变。

第二单元

咏 水 仙

一、1. (1) ní (2) piē (3) lián yī (4) kuàng yí (5) yǒng

2. (1) 摇曳:摇荡。 (2) 潇洒:(神情、举止、风貌等)自然大方,有韵致,不拘束。 (3) 涟漪:细小的波浪。 (4) 心旷神怡:心情舒畅,精神愉快。

3. (1) 我/独自漫游,像/山谷上空/悠悠飘过的/一朵云霓, (2) 蓦然举目,我/望见一丛/金黄的水仙,缤纷茂密;

4. 华兹华斯 英国 《丁登寺》 韵律统一、节奏明快、意境优美。

二、1. (1) 云霓是逍遥的,但也是孤独的,作者把自己比喻成一朵"云霓"意在表达自己的孤寂与孤高。

(2) "蓦然"一词意在说明作者是突然间没有任何预设地发现了水仙的存在,意在表达一种惊喜之情;摇曳潇洒的水仙带给诗人的是一份喜悦,给略显孤寂的诗人以生命活力的暗示。

2. (1) 涟漪是自由的、潇洒的,但水仙比起涟漪来却更潇洒,它可以在水之滨,也可以在树阴下或其他地方,风中水仙的舞姿更曼妙更轻盈,似万点繁星,给人的感觉更美妙,所以作者说"水仙的欢悦却胜似涟漪"。

(2) 与大自然交流时的慰藉,在自然界所感到的自由,孤独时与大自然相伴所获得的欣喜。

三、示例:

　　　　　　　井底的蛙!
　　　　　　　当你吴落井边的燕子时,
　　　　　　　你的眼界便显得越发狭窄了。

狗 之 歌

一、1. (1) tiǎn (2) róng (3) zǎi (4) qī (5) liàng qiàng (6) lèi

2.(1)踉踉跄跄：走路不稳。 (2)无精打采：没有精神。
3.俄国；《波斯抒情》《安娜·斯涅金娜》；对一切生灵有大爱,渴望人性的美好回归
二、1.(1)一个画面是母狗跟着主人的脚迹苦苦追踪自己孩子的踪迹；一个画面是主人把七个小狗扔在水里后水面的波动。(2)水面的颤动是主人把小狗扔进水中的原因,用"长久地"反复修饰是为了突出主人的残忍和母狗痛失爱子的悲痛与哀怨；从中我们可以看出诗人悲悯的情怀和对一切生灵关爱的态度。
2.悬挂的月牙太像蜷缩的爱子,这里极言母狗的失子之痛；母狗之所以会对着天空哀叫是因为它也明白月牙不是自己的孩子,因为纤细的月牙"滑过去了",这一幕又像极了爱子的消失。
3.面对痛失爱子的母狗,人们向它扔石块就像扔赏钱,可见缺少起码的同情心；无声滚动的狗眼是无奈而悲痛的母爱的表现,它与人的冷酷形成鲜明的对照,让人不禁思考：悲悯、同情与爱应该是我们不可或缺的道德。
三、略

当你老了

一、1.(1) chàng (2) mù (3) dǔn (4) cháo (5) qī (6) duó (7) páng
2.不能。诗人并没有像一般人一样宣泄自己的痛苦,而是用设想的方式化解了自己的爱的痛苦,同时用这样的方式再次表达了自己的独特情感。
3."朝圣者的灵魂"是高贵的,充满着宗教徒似的信仰,纯洁、坚韧,诗人以此表达自己对爱人的坚贞、始终如一、决不迁就,这是超越美貌的爱恋。
二、1.诗人描摹了恋人晚年的生活场景,在阴暗的壁炉边,炉火映着已经衰老的情人的苍白的脸,让她在那样的时刻读着自己的诗。这样的场景其实是一个誓言,表达了诗人愿意把自己连同自己的未来一起交给爱人的情感,即使不再年轻,不再美丽,爱情永远不变。
2."炉火"一方面代表了晚年生活的场景,为诗歌带来朦胧、恍惚的氛围,另一方面"炉火"虽然暗淡,却仍"红光闪耀",这也象征了爱的激情没有熄灭,像炉火一样在诗人的胸中燃烧。
3.指的应该就是上一句中消逝的"爱情"。诗人在这里把"爱情"具体化、形象化,让"它"化身为一个生命,在山顶行走,在星星中藏起自己的脸。这样的结尾也有了"意象化"的特点：一方面"缓缓踱着步子"与"隐藏着脸庞",再一次传达了那种无限的怅惘感、消逝感；另一方面,在山峦与群星之中,"爱情"的存在就似乎和广漠的自然、天宇融为一体了,一种超越的净化效果由此产生。
三、比较略。两首诗都采用了同样的抒情方式,即时间推后几十年,设想自己的恋人衰老时的情景,这种方式使爱的表达更为含蓄、持久,似已超越了时间。

未选择的路

一、1.(1) shè (2) zhù (3) qī (4) mián
2.黄色的树林里/分出/两条路,可惜/我不能/同时去涉足,我/在那路口/久久伫立,我/向着/一条路/极目望去,直到它/消失在/丛林深处。 但/我却选了/另外一条路,它/荒草萋萋,十分幽寂,显得/更诱人、更美丽；虽然/在这两条小路上,都很少/留下/旅人的足迹。
3.例：①屈原：路漫漫其修远兮,吾将上下而求索。 ②晏殊：独上高楼,望尽天涯路。 ③陆游：山穷水复

疑无路,柳暗花明又一村。④鲁迅:其实地上本没有路,走的人多了,也便成了路。⑤毛泽东:雄关漫道真如铁,而今迈步从头越。

二、1.一片树林里分出两条路——/而我选了人迹更少的一条,/从此决定了我一生的道路。

2.诗人站在林间交叉路口,久久伫立就是在踌躇,他对两条路都很向往,但不能同时都走,必须选择一条;而一旦选定了一条,就没有回头的机会了。"久久伫立"表现了诗人选择的慎重。

3.人生有许多道路可供选择,但一个人往往只能走一条路,还有其他许多条路,因为人生短暂而只能放弃。那些未走的路,更让人想念,让人留恋。诗人写作的重点不是那条已经选择的路,而是那条未选择的路,自然该以"未选择的路"为题。

三、1.四个段落分别以"成功"、"爱情"、"奋斗历程"和"未来"为意象,用四个肯定的回答表达了热爱生命的哲理。

2.诗人热爱的不是最终的成功和未来的美好结局,不是爱情的获得和奋斗目标的实现,那种热爱是一个过程、是一种追求,"风雪兼程"、"吐露真诚"……这些都是体现热爱的种种表现。热爱生命,不是因为想要获得而去热爱,而是因为热爱而最终获得。

我愿意是激流

一、1. (1) qí (2) chóu (3) kē (4) jùn qiào (5) ào (6) yuán

2. (1) 形容多而密。(2) 鸟兽、昆虫筑巢穴。

3. 裴多菲,匈牙利,《旅行书简》,《自由与爱情》

二、1. 激流——小鱼;荒林——小鸟;废墟——常春藤;草屋——火焰;云朵、破旗——夕阳

2. 诗人愿意为爱人做出牺牲,不管自己的命运多么坎坷,多么险恶,只要同爱人在一起就能化险为夷,幸福无比,从而歌颂了爱情的伟大力量。

三、《我愿意是激流》有比较明显的男性视角,他始终把男人作为时代的挑战者、社会的主宰者,而女人是小鱼、小鸟,是攀援的常青藤,她往往温柔地依附于男性,给征战辛劳、身心疲惫的爱人带去精神的慰藉。

《致橡树》则塑造了两棵树的形象,强调爱情中的双方应是平等的。

远古阿波罗裸躯残雕

一、1. (1) 矜(jīn)持:庄重、严肃 (2) 目眩(xuàn):眼花

2. 里尔克,奥地利,《杜伊诺哀歌》、《致奥尔弗斯的十四行诗》

二、1. 在作者的眼中,残雕的胸膛曲线令人目眩,轻旋的胯腰是微笑的,巨石像兽皮那样闪闪发光,他甚至想象不存在的头颅上的眼珠都是渐趋成熟的,这种表达神奇地传达了石雕那种流动的生命感。这种精妙的生命动感否定了石像的残破,肯定了石像的神性,并最终让作者感到石雕像一颗星那样发出神圣的光芒。

2. 阿波罗裸躯残雕的美震撼了诗人,在残雕面前,诗人忍不住发出必须改变生活和生命存在状态的呼声,他借这句诗意在表达我们每一个人都必须过美的生活。

三、这是一首可以从各个角度解读的诗歌,只要能自圆其说就可以。

吉檀迦利

一、1.(1) jì (2) qiān (3) zhì (4) bǐ

2.(1) 朝圣：宗教徒朝拜宗教圣地。 (2) 鄙夷：轻视；看不起。

二、1."那里"是天国，是诗人理想中的社会。"在那里"，诗人为我们描绘了一幅尊严、自由、完美、理智、和谐的生活画面。作者借此表达对祖国的期待。

2."国王"是指神，"我在游戏室里所听见的足音，和在群星中的回响是相同的"是指神与我同在，神在我尘世生活中的一切角落。

3."国王"在万物之上，又在万物之中；"国王"是丰富多样的，是具体可感的，又是超自然的；"国王"是自然中最平凡的物体，又是生命中最本质的真理，是至上的人格；"国王"还可能是诗人情感的实实在在的寄托，或许仅仅是诗人内心的某种感受。（言之成理即可）

三、示例：逆耳的忠言好比配有黄连的中药，虽然难以下咽，却是对症下药；奉承的蜜语犹如含有毒药的琼浆，虽然香甜可口，却是慢性中毒。

第三单元

勃兰特下跪赎罪受到称赞

一、1.(1) lǐn liè (2) qián (3) shú (4) jiù (5) nà cuì (6) hè (7) qí dǎo (8) jié

2.(1) 归咎：罪责。 (2) 赎罪：相抵、换回。

3.(1) 导语 主体 标题 导语 主体 背景 历史条件和环境

(2) 2005年4月14日 1970年12月7日 第4节 "现任" 35年 2005

(3) 把最重要的内容放在新闻的最前面，随后按重要性依次排列其他内容；能迅速地将最新鲜、最重要的事实开门见山地告诉读者，使人一目了然，节省读报时间。

二、1.消息报道应力求客观真实，尽量避免作者的主观评论。勃兰特下跪行为的动机、对于德国屠杀犹太人的罪行的认识，都是勃兰特自己说出来的，是用事实在说话，这已经是非常真实可靠了。而且，这些事实均来自于意大利著名女记者法拉奇的采访，完全没有作者的主观因素，那就更客观真实了。

2.纳粹德国在第二次世界大战期间给全世界爱好和平的人民尤其是波兰人民制造了深重的灾难，一个民族、一个国家、一个政治家，如何面对过去了的战争，如何承担对世界和平发展的责任和道义，勃兰特作为德国当时的领导人以强烈的行动对此做出了深刻的解释，所以，他在波兰犹太人纪念碑前下跪谢罪，被誉为是"欧洲约一千年来最强烈的谢罪表现"。亚洲也发生过类似纳粹德国屠杀犹太人的惨剧，但屠杀者没有类似勃兰特下跪赎罪的忏悔。（其原因各自具体分析）

三、根据具体情况，答案略。

我三十万大军胜利南渡长江

一、(1) cuī (2) kuì (3) dí (4) zhǔ

2.(1) 筹划、组织并管理。 (2) 这里指枯草朽木受到催折，比喻腐朽势力被迅速摧毁。 (3) 没有风

63

浪,水面很平静,形容平静无事。 (4)已经

3.(1)人民解放军的宏大气势,事件,结果 (2)真实性,及时性,准确性

二、1.有必要。消息的语言讲究准确、凝练,但不等于没有描写。"风平浪静""万船齐放""直取对岸"既是客观的描写,更传达出作者的兴奋与喜悦之情。

2.四字句音节短促,与所表现的人民解放军攻势的迅猛、凌厉相得益彰;一连串文言色彩很浓的词语的运用,不但符合新闻文体简短明快的规范,而且便于表现作者高瞻雄视的气概。

三、1.文中议论的文字为"此种情况,一方面由于人民解放军英勇善战,锐不可当;另一方面,这和国民党反动派拒绝签定和平协定,有很大关系。……"。这段议论既交代了解放军取胜、国民党军失败的政治和军事上的原因,又进一步说明国民党政权必然覆灭的命运,深化了报道的主题。

2.中路军首先发起渡江作战,所以先说。西路军和中路军所遇敌情一样,敌军抵抗"甚为微弱",所以西路军接着中路军说,并能合在一起,加以分析评论。而东路军所遇之抵抗"较为顽强",最后说东路军激战,文势也涌起高潮。

别了,"不列颠尼亚"

一、1.(1) chá (2) níng (3) zhì (4) yìng (5) bó (6) jiàn (7) zhǔ (8) tǐng

2.(1)接载:用交通工具把人接来。 (2)掩映:遮掩其中,又相互映衬。

(3)瞩目:突出,引人注目。 (4)子夜:夜十一时至次日凌晨一时。

3.(1) 4时30分,彭定康告别港督府的降旗;晚6时15分,查尔斯王子出席的告别;7时45分,中英香港交接仪式和广场上的第二次降旗仪式;零点40分,最后一个场面——"不列颠尼亚"号的很快消失。

(2)① 介绍了港督府1885年建成、后又有大规模改建装修的历史;② 回顾了156年前一位英国舰长曾在这里升旗的历史;③ 再次介绍1841年1月26日英国远征军第一次将米字旗插上港岛。

(3)集中反映消息的精华,吸引读者阅读,使读者对内容有概括了解;正题,骨干和核心,高度概括消息的中心内容;引题,用来交代背景,说明原因,烘托气氛,解释意义等;副题,用来补充、注释和说明、印证主题。

(4)单行标题,只有一行正题,简洁明了地反映消息内容的中心思想;双行标题,引题和主题兼用,或是主题和副题并用;三行标题,主题、引题、副题全备。

二、1.本则消息报道了英国撤离香港时的四个仪式。对于这些仪式的叙述都很简洁。作者为突出仪式本身的涵义,在介绍了每一种仪式之后,都引用一些背景材料,使每一个仪式都显示出了久远的历史跨度和深远的历史意义。作者并不直接出面发表议论,但是情感和评论都暗含其中。

比如:港督降旗仪式,作者说"但这一次不同:永远都不会有另一面港督旗帜从这里升起"。作者巧妙地运用了对比手法,强调这次降旗不再是以往港督换任的重复,它是具有标志意义的最后一次。

对于在驻港英军总部附近举行的告别仪式,作者也只是提了一句,但随后即捕捉了一个典型的镜头:"停泊在港湾中的皇家游轮'不列颠尼亚'号和邻近大厦上悬挂的巨幅紫荆花图案,恰好构成这个'日落仪式'的背景。"象征英国管治的"不列颠尼亚"号,与象征香港回归祖国的特别行政区区旗,构成了鲜明的对比,启示人们发现这一仪式重要而又深远的政治、历史意义。

7时45分的第二次降旗仪式,也只是一笔带过,但作者马上把这一事件放在历史今昔的对比上进行比照,不由人产生对历史沧桑变化的慨叹。

另外还有两节,一个是第4节,交代的是有关港督府的一些背景材料;一个是最后一节,作者又一次把历史

的今昔放在一起相互对照,深化了主题。
2. 感想各自抒写,答案略。
三、根据具体情况,答案略。

落　日

一、1. (1) cù　(2) cāng　(3) xián　(4) nuó　(5) shòu　(6) shè　(7) qiáo　(8) qué　(9) zhòng　(10) zhì　(11) shǎng　(12) yǐ　(13) yú　(14) jué　(15) jiān
2. (1) 白浪如练:柔软洁白的布帛。　　(2) 古色古香:韵味。
(3) 或立或跪:有的。　　　　　　　(4) 勋绶:彩色丝带。
(5) 目不暇接:空闲。　　　　　　　(6) 重步而行:沉重。
(7) 天网恢恢:弘大。　　　　　　　(8) 天理昭彰:明亮,显著。
(9) 其此之谓欤:表反问语气,难道;说。　(10) 厥功甚伟:代词,其,他的。
(11) 湔雪:洗刷(罪名、耻辱)。
3. (1) ① 仪式前"密苏里"号甲板及海面上的情形;② "签字场所"内的状况;③ "代表到来"的情形;④ "仪式开始"及其过程;⑤ "投降书脏了"(补叙)及仪式结束后盟军飞机列队蔽空而过等有关情况。
(2) ① 第2节中的"这签字,洗净了中华民族70年来的奇耻大辱。这一幕,简单、庄严、肃穆,永志不忘";② 第12节中的"我猛然一震,'九•一八!'1931年9月18日日寇制造沈阳事件,随即侵占东北;1933年又强迫我们和伪满通车,从关外开往北平的列车,到站时间也正好是9点18分。现在14年过去了,没有想到日本侵略者竟然又在这个时刻,在东京湾签字投降了,天网恢恢,天理昭彰,其此之谓欤";③ 第16、17节中的"这水兵的话是对的,我们将来也要讲给子孙听,代代相传。可是,我们别忘了百万将士流血成仁,千万民众流血牺牲,胜利虽最后到来,代价却十分重大。我们的国势犹弱,问题仍多,需要真正的民主团结,才能保持和发扬这个胜利成果。否则,我们将无面目对子孙后辈讲述这一段光荣历史了"。
(3) 通讯与消息的不同点是:在内容上,消息简单地报道发生了什么事,不多写情节,通讯则详细、具体地报道前因后果,展示情节;在表现手法上,消息以叙述为主,通讯则综合采用叙述、描写、议论、抒情等多种手法,表现生动形象。

二、1. 理解与思考各自抒写,答案略。
2. 举例可见填空(2)参考答案。这篇通讯是作者在第一现场、以第一人称,站在中国的立场上,抒写着所有中国人的共同情感。文中在叙述仪式进程、描述现场情景中抒发感慨,更体现了真切的情感,如:"这签字,洗净了中华民族70年来的奇耻大辱。这一幕,简单、庄严、肃穆,永志不忘。"

三、略

飞向太平洋——我国运载火箭发射试验目击记

一、1. (1) rǎn　(2) lín　(3) yíng　(4) dàn　(5) xuān　(6) chàn
2. (1) 扶摇:急剧盘旋而上。　(2) 喜形于色:显露;脸色、神情。
3. 我国在1980年向太平洋海域试验发射运载火箭　事件发展——试验发射运载火箭的过程　点火、升空、运行、测试、监控、回收

二、在以叙述为主的同时,这篇通讯较好地采用了描写的表现方法。如通讯的开头部分就描写了发射前的场景:"天刚黎明,火箭发射场区一片紧张的战斗气氛","高大的发射塔架,环抱着乳白色的巨型运载火箭,耸立在发射场上。"接着,随着一声"点火!"令下,作品中有一系列关于火箭运行情况的描写:"火箭发射场立即传来连绵不绝的巨大轰鸣声。这声音像山崩,像海啸,震颤大地。巨大的火箭拔地而起,冉冉上升,尾部喷着辉煌的火焰,直上云天。""火箭在蓝天扶摇直上。……最后在茫茫的天际里,变成了一个小亮点"。最后当火箭溅落时:"亮点越来越大,……打开降落伞,徐徐飘落洋面。火箭头部……激起冲天的水柱",等等。这些描写将火箭这一没有生命的物体的运行情况描摹得生动活泼,多姿多彩。

文中还有人们行动和心理的描写:"人们欢呼着、目送着腾空而去的火龙,心潮像海浪一样翻滚。"当火箭向预定海域飞来时,"人们个个喜形于色。"当火箭的测量回收任务完成后,"船队汽笛长鸣,彩旗飘舞,远离祖国的人们在甲板上欢呼、跳跃、争相握手庆祝"等。这些描写把参加试验的人们对试验成功的喜悦心情表现得跃然纸上。

气候变暖与诺亚方舟

一、1.(1) sòng　(2) duì　(3) dì　(4) jù

2.(1) 诉讼:从法律角度,争辩是非。　　(2) 罪魁祸首:首领(含贬义)。
(3) 近乎绝望:于。　　(4) 捐助:拿出钱物。
(5) 兑现:实现诺言。　　(6) 缔约:订立条约。

3.(1) 当前发生的重大的或具有典型意义的新闻事实　分析、解释、评价、议论　政论性、新闻性

(2)"中国总理温家宝即将出席'中国—太平洋岛国经济发展合作论坛'首届部长级会议开幕式","岛国发展与气候保护的关系"、"全球气候变化和温室效应"。全球气候变暖是人类面临的共同挑战,为了迎接全球气候变化的挑战,国际社会不仅要说,而且必须行动起来,建造预防《后天》式悲剧的诺亚方舟。

(3) 政府间气候变化专门委员会的资料、图瓦卢政府发布的相关信息、基里巴斯前总统塞布罗罗·斯托之言。研究如何适应气候变化影响,确定"适应气候变化基金"的管理和运行模式,为采取实际措施应对气候变化铺平道路。进展:在《联合国气候变化框架公约》和《京都议定书》下,专门设立了"特别气候变化基金"、"最不发达国家基金"和"适应气候变化基金";2005年在加拿大召开的公约第十一次缔约方会议,决定开展一项为期5年的项目,研究如何适应气候变化影响,确定'适应气候变化基金'的管理和运行模式。结论:为了迎接全球气候变化的挑战,国际社会不仅要说,而且必须行动起来。建造预防《后天》式悲剧的诺亚方舟,只能靠人类自己。

二、1.(1) 以新闻事实为依托。《气候变暖与诺亚方舟》依托于"中国总理温家宝即将出席'中国—太平洋岛国经济发展合作论坛'首届部长级会议开幕式"这一新闻事实,指出温家宝总理参加本次会议的重要意义就在于加强与太平洋岛国的合作,并由此提出了评论的核心问题——"岛国发展与气候保护的关系"、"全球气候变化和温室效应",从而展开了分析与论述。

(2) 新闻评论中,评论者对新闻事实发表的看法、观点,必需透过新闻现象,洞察现象背后本质的东西。作者借澳大利亚环境学家之口,指出"全球变暖导致海平面上升,世界第二小岛国图瓦卢、它的邻国基里巴斯以及印度洋上的马尔代夫三个岛国正面临可能被海水吞没的'灭顶'之灾"事实后,旗帜鲜明地亮出自己的观点:"造成这种情况的罪魁祸首就是全球气候变化和温室效应。"这也正是温家宝总理出席"中国—太平洋岛国经济发展合作论坛"首届部长级会议开幕式的重要原因之一。同时,作者还在第5节中进一步指

出,"对大多数国家来说,全球气候变暖可能仅仅是一个长期'挑战',但对一些小岛国来说,绝对是'即将来临的末日威胁'!"在第 6 节中指出,"小岛国的生存危机已经引起全世界的关注。"在最后一节中呼吁"为了迎接全球气候变化的挑战,国际社会不仅要说,而且必须行动起来",充分表明了自己对此问题的观点。

2. 本文第 1 节第 1 句"中国总理温家宝即将出席'中国—太平洋岛国经济发展合作论坛'首届部长级会议开幕式",第 2 节第 1 句"澳大利亚环境学家日前发出警告说"。"即将"在一定程度上体现了新闻评论的时效性特点。第一,温家宝总理出席"中国—太平洋岛国经济发展合作论坛"首届部长级会议开幕式,尚未成行,但将马上成行,新闻评论就已写出,可见其时效性;第二,温家宝总理即将出席"中国—太平洋岛国经济发展合作论坛"首届部长级会议开幕式的消息刚一发出,相关的新闻评论就已紧紧跟上,再见其时效性。第三,新闻刚一产生,即以报道,足见其时效,而新闻即将发生,就已报道且评论,则更见其时效。

新闻评论不但要亮出评论者对于新闻事实的看法,而且要通过摆事实、讲道理,用道理去支撑自己的看法,从而说别别人。本文第 2 节在亮出了自己的观点"造成这种情况的罪魁祸首就是全球气候变化和温室效应"后,第 3、4 节就以具体的事实和数据予以证明。

三、略。

拜金主义要不得

一、1. (1) shē chǐ huò (2) kuí kuí (3) hēng (4) xiè (5) xī (6) yǐn (7) shù (8) shi

2. (1) 不以为然:对;(2) 众目睽睽:睁大眼睛看;(3) 奚落:用尖酸刻薄的话揭人短处,使人难堪;(4) 蔓延:像蔓草一样(延伸扩展);(5) 古训:法则。

3. 一部分先富起来的人挥金如土、逞富斗豪。 这种种现象已经不仅仅是怎么花钱的问题,它鲜明地反映出了一些人的价值观、道德观;我们不能让这种奢靡之风污染社会环境,污染社会主义的人际关系;拜金主义实在要不得,艰苦奋斗、克勤克俭永远是我们中华民族值得骄傲的美德,这种美德和精神我们永远不能丢弃。

二、20 世纪 70 年代末,中国改革开放是重大新闻;80 年代中期,一部分人先富起来了也是重大新闻;90 年代初,出现了一部分先富起来的人挥金如土、逞富斗豪的不良社会现象,同样是新闻。本文针对这种新闻事实——不良的社会现象,进行了批评。使人们认识到这不仅仅是怎么花钱的问题,它已鲜明地反映出一些人的价值观、道德观。如把这类现象放在我国刚刚基本上解决了温饱问题这个大背景下加以考察和分析,那就更显出问题的严重性——拜金主义实在要不得。这对于在建设社会主义市场经济过程中重视精神文明建设,发扬勤俭节约的光荣传统,树立正确的价值观和道德观,起到了有力的引导作用。

第四单元

边 城(节选)

一、1.(1) nuó (2) jǔ yǔ (3) tǔn (4) tián (5) jié jū (6) yìn

2. ① 小鞭炮如落雨的样子,从悬到长竿尖端的空中落到玩灯的光赤赤的肩背上 ② 如雷如虎惊人的声音 ③ 白光向上空冲去,高至二十丈,下落时便洒散着满天花雨

二、1. ① 翠翠想起自己先前骂人那句话,心里又吃惊又害羞,再也不说什么,默默的随了那火把走去。

②老船夫即刻把船拉过来,一面拉船一面哑声儿喊问:"翠翠,翠翠,是不是你?"翠翠不理会祖父,口中却轻轻的说:"不是翠翠,不是翠翠,翠翠早被大河里鲤鱼吃去了。"③但另一件事,属于自己不关祖父的,却使翠翠沉默了一个夜晚。④那人一看是守渡船的,且看到了翠翠,就笑了。"翠翠,你大长了!二老说你在河边大鱼会吃你,我们这里河中的鱼,现在可吞不下你了。"翠翠一句话不说,只是抿起嘴唇笑着。⑤那水上名人同祖父谈话时,翠翠虽装作眺望河中景致,耳朵却把每一句话听得清清楚楚。⑥翠翠说:"一家人都好,你认识他们一家人吗?"祖父不明白这句话的意思所在,因为今天太高兴一点,便笑着说:"翠翠,假若大老要你做媳妇,请人来做媒,你答应不答应?"翠翠就说:"爷爷,你疯了!再说我就生你的气!"祖父话虽不说了,心中却很显然的还转着这些可笑的不好的念头。翠翠着了恼,把火炬向路两旁乱晃着,向前快快的走去了。"翠翠,莫闹,我摔到河里去,鸭子会走脱的!""谁也不希罕那只鸭子!"⑦翠翠还正想起两年前的端午一切事情哪。但祖父一问,翠翠却微带点儿恼着的神气,把头摇摇,故意说:"我记不得,我记不得。"其实她那意思就是"我怎么记不得?!"

2. 示例:"过不久,那一伙人来了……祖父同翠翠留在船上,感情仿佛皆追着那唢呐声音走去,走了很远的路方回到自己身边来。"这是描述当地迎婚送亲的习俗,表现了边城人的纯朴和友善,渡船、唢呐、壮汉、花轿、新郎、牵羊的孩子、美酒、礼物,翻山远去的迎婚送亲的队伍,一幅多么温馨的图画!这样美妙的意境难怪要让"祖父同翠翠留在船上,感情仿佛皆追着那唢呐声音走去,走了很远的路方回到自己身边来"。

3. 小说中作家除了重点描写边城最热闹的节日之一端午节外,还描述了正月十五放炮仗烟火、迎婚送亲等习俗。这样写,进一步营造了充满诗情画意的牧歌意境。

三、1. 略

2.《边城》以大量的篇幅对湘西人性美进行热情的描绘和讴歌,从而体现了作家对"理想的人生形式"、对生命自由的追求,但这毕竟只是作家的美好愿望,不能代表作品的全部内蕴。事实是,《边城》的结尾是个出人意料的变奏,一个特定的结局,却也是现实意义上的悲剧,它显示了人生在生命瞬间的不确定性,这种不确定性既是偶然事件所致,也是主观的人为因素,即人性的阴暗面所致,它成为最终主宰人物命运的因子。作家深知这一点,因此才不惜笔墨表现人性人情美。他笔下的主人公即使越过现实的障碍,漠视封建宗法和金钱势力而追求自由爱情,却无法抹去传统天命的迷信思想在淳朴人性中的阴影。由于这阴影,翠翠和傩送终于产生了隔膜,演出了一场不知归期的悲剧。这是作家所不愿看到的,却又是无法回避的现实。

将 军 族

一、1. (1) niè rú (2) lín xún (3) xǐng (4) pán shān (5) kāi (6) jìn

2. 这样地说着,高个子若有所思地将喇叭夹在腋下,一手掏出一支皱得像蚯蚓一般的烟伸到他的眼前,差一点碰到了他的鼻子。他后退了一步,猛力地摇着头,瘪着嘴做出一个笑容。不过这样的笑容,和他要预备吹奏时的表情,是颇难于区别的。高个子便咬那烟,用手扶直了它,划了一支洋火烧红了一端,吧叽吧叽地抽了起来。他坐在一条长木凳上,心在很异样地悸动着。没有看见伊,已经有了五年了吧。但他却能一眼认出伊来。伊站在阳光里,将身子的重量放在左腿上,让臀部向左边画着十分优美的曼陀玲琴的弧。还是那样的站法呵。然而如今伊变得很婷婷了。很多年前,伊也曾这样地站在他的面前。那时他们都在康乐队里,几乎每天都在大卡车的颠簸中到处表演。

二、1. ①伊站在阳光里,将身子的重量放在左腿上,让臀部向左边画着十分优美的曼陀玲琴的弧。还是那样的站法呵。然而如今伊变得很婷婷了。很多年前,伊也曾这样地站在他的面前。②伊仰着头,月光很柔和地敷在伊的干枯的小脸,使伊的发育得很不好的身体,看来又笨又拙。③ 伊站了起来。瘦骨嶙峋地,仿佛一具着衣的骷髅。④ 然而,于今伊却穿着一套稍嫌小了一些的制服。深蓝的底子,到处镶滚着金黄的花纹。十二月的阳光浴着伊,使那怵目得很的蓝色,看来柔和了些。伊的太阳眼镜的脸,比起往时要丰腴了许多。伊正专心地注视着天空中画着椭圆的鸽子们。⑤ 伊能跳很好的舞,而且也是个很好的女小丑,用一个红漆的破乒乓球,盖住伊唯一美丽的地方——鼻子,瘦板板地站在台上,于是台下卷起一片笑声。伊于是又眨了眨木然的眼,台下便又是一阵笑谑。⑥ 伊留着一头乌油油的头发,高高地梳着一个小髻。脸上多长了肉,把伊的本来便很好的鼻子,衬托得尤其的精神了。⑦ 而他便总是笑笑,红着那张确乎有些三角形的脸。⑧ 伊转身望着他,看见他的脸很忧戚地歪扭着,伊便笑了起来。⑨ 他没有作声,而终于很轻地笑了笑。但即便是这样轻的笑脸,都皱起满脸的绉纹来。⑩ 他为自己的失言恼怒地瘪着松弛的脸。

这些肖像描写都紧紧抓住了人物的特征,非常简洁明了却又很形象地表现了人物的风貌。

2. 人物最后一次活动在斜阳中,寓意是太阳就要落下去,黑夜就要来临,这象征着两个主人公正走向死亡,他们以喜剧的方式演绎人生最后的悲剧。

三、1. 略

2. 示例:[英]弗吉妮亚·伍尔夫《到灯塔去》与《将军族》的比较。

① 共同之处都采用了象征手法,如在《到灯塔去》中"灯塔"是希望、理想和信仰的象征;在《将军族》中乐曲则象征着主人公的悲剧命运。 ② 虽然两者在情节上都具有跳跃性,但《到灯塔去》是一部自传体小说,全书以"窗"、"时光流逝"和"灯塔"三部分再现了作家双亲的形象和自己童年的生活情景;《将军族》则以人物的三次对话完成了整个故事情节,并在其中体现了中国传统白描手法的运用。

英雄的舞蹈

一、1. (1) chéng (2) xiá (3) róu lìn (4) xuàn

2. 略

二、1. 作品中这样刻画张小赖的衰老病弱:① 他是衰老、病弱,仅剩下一副干瘪而可怕的躯体了。② 那结果,是那棵可怜的小树,和那一块遭了厄运的石板的周围,都布满了他的黄绿色的浓痰。③ 不久,凄凄凉凉地,太阳升起来了,通过窗户照着他的凌乱的、污黑的板床,在那上面,缩着他的衰竭了的、干瘦的肢体。他要一直睡到下午,然后换了一个姿势躺着,点起烟灯来。④ 他一下午都发烧,非常的不适,但黄昏的时候他带着神秘的、惨白的、严肃的神色重又走上了他十几年来所盘据的高台。⑤ 慢慢地耸起他的瘦削的、仅剩下两块骨头的肩膀来。⑥ 这就露出了十几年来这种生涯的记录,那一副可怖的、奇特的骨架。这一副骨架,和它上面的那个魔鬼的头颅,在寂静中轻轻地颤动着。非常简练传神的描述,把一个病入膏肓的衰弱到极点的大烟鬼推到了人们面前。

2. 这个结尾其实是暗示了作家所要表达的主题思想:张小赖死了,他的死象征着中国旧的传统文化的没落。随着新的文明的到来,旧传统秩序的衰亡是必然的,无论怎样抗争都是徒劳的。

彩 虹

一、1. (1) zhǎng (2) quán (3) sou (4) kuī (5) xìn (6) huáng (7) cǔn (8) shàn (9) lǚ

2. 制 溢 意 怅 致 咀

3. 毕飞宇,《慌乱的指头》,《祖宗》,《玉米》

二、1. 现代都市生活中,空间距离越来越近,心理距离却越来越远,人与人之间正需要彩虹般的桥梁互相勾连彼此。

2. 老铁家墙上的四只石英钟代表了地球上老铁夫妇与孩子们分处的四个地方,四个时间是一种象征,象征空间与时间将人类进行了分割划分并形成阻隔。对一个孩子来说,这一大堆指向不一的时钟摆在一起,直观上就认为是时间坏了。小说通过这句话巧妙地点明了主题。

三、1. ① 广阔无垠且平整; ② 是农民艰辛劳作的对象; ③ 有着见证辛苦的悲壮的鹅黄色彩; ④ 有着青黄轮转的色彩变幻; ⑤ 有着啸聚厚实与恢弘不绝的声音;⑥ 有着莫言笔下的气味。

2. ① 厚重的生活体验。没有真实的生活体验无法写出这样的作品。文中对大地的特点出色的描写,从景物到色彩,甚至气味都体现出这种"厚重感"。 ② 厚重的情感。只有充满感情,才能打动读者。大地养育了作者,成就了作者。"我"对大地、对故乡"泪流满面",可以看出作者对大地、故乡的深情。

第五单元

子路、曾皙、冉有、公西华侍坐

一、1. (1) kuì (2) shèng (3) sì (4) shěn (5) jǐn (6) yú

2. (1) 让:礼让,谦虚。

(2) 与:赞同。

(3) 摄:夹处,逼迫。

(4) 方:道义,礼仪。

(5) 率尔:轻率的样子。

(6) 比及:等到。

3. (1) 仲尼 思想家 教育家 儒家

(2) 孔子的弟子及再传弟子 二十

4. (1) 平时往往说:"(您)不了解我们啊!"

(2) 至于礼乐教化,就等待有修养的人去实施吧。

(3) 诸侯祭祀祖先时,或者诸侯会盟时,我希望能够穿上礼服、戴上礼帽,担任司仪一类的官职。

(4) 农历三月,春天的服装已经穿上身了。

二、1. 子路的性格特点是率直自信,且显莽撞。冉有的性格特点是谦虚重礼。公西华的性格特点是谨慎好学。

2. 孔子之所以特别赞赏曾皙,是因为曾皙所言为太平社会之缩影,同时,也突出了儒家礼乐治国的理想。事实上,孔子所表达的只是一切正直而善良的人们对于自由的、无拘无束的幸福生活的一种深沉而永恒的渴望。曾皙的志趣与众不同,表面上看似乎与现实的社会政治并无多少关涉,但实际上却在更高的层面上体现了儒家清明和谐、文治教化的社会理想,因此得到了孔子感慨与赞许。

3. 孔子对子路言志的内容及表现所持的是讽刺与批评的态度。对冉有和公西华的言志则是赞赏和褒奖。

4. 孔子鼓励弟子们各言其志,所体现的是教育民主、因材施教、有教无类和长善救失等思想。

三、1.子路跟随孔子出行,落在了后面,遇到一个老丈,用拐杖挑着除草的工具。子路问道:"你看到我的老师吗?"老丈说:"四肢不勤劳,五谷分不清,你的老师是谁?"说完,便扶着拐杖去除草。子路拱着手恭敬地站在一旁。老丈留子路到他家住宿,杀了鸡,做了小米饭给他吃,又叫两个儿子出来与子路见面。

第二天,子路赶上孔子,把这件事向他作了报告。孔子说:"这是个隐士啊。"叫子路回去再看看他。子路到了那里,老丈已经走了。子路说:"不做官是不对的。长幼间的关系是不可能废弃的;君臣间的关系怎么能废弃呢? 想要自身清白,却破坏了根本的君臣伦理关系。君子做官,只是为了实行君臣之义的。至于道的行不通,早就知道了。"

2.孔子没有说自己具体的理想,却说了其结果:比我老的人站在我一边,和我年龄相仿的人站在我一边,比我小的人也站在我一边。这就等于说要让所有的人都拥护自己。要做到这一点,自己就得能给天下所有的人都带来利益,除了圣人,是没有人能有这样的志向的。这其中体现了孔子"仁者安仁"的思想,也表现了礼乐教化是治国理念。

逍 遥 游

一、1.(1) míng (2) tuán (3) ào (4) è (5) tiáo (6) qiāng fāng (7) chōng (8) xuè (9) huì gū (10) huì shuò (11) yàn (12) shuò (13) líng (14) wū (15) jǐ

2.(1)奋起的样子。 (2)记载。 (3)回旋而上。 (4)指游气。 (5)表示揣测语气,或许。 (6)于此,指坳堂之水。 (7)疾速的样子。 (8)去,往。 (9)超越。 (10)将。 (11)效力,尽力。 (12)合。 (13)急迫用世,谋求名利的样子。 (14)轻妙飘然的样子。 (15)何。

3.(1)冥通"溟",海。 (2)"知"同"智",智慧。 (3)"辩"同"辨",分辨,分别。 (4)"知"同"智"。 (5)"有"同"又";"反"同"返",返回。

4.《庄子》,庄子,战国,道家,老庄

二、1.三处笑,第一处:"蜩与学鸠笑之曰:……",第二处"斥鷃笑之曰:……",第三处"宋荣之犹然笑之……",作者对他们的态度是反对的、反驳的。

2."朝菌不知晦朔,蟪蛄不知春秋,此小年也。楚之南有冥灵者,以五百岁为春,五百岁为秋;上古有大椿者,以八千岁为春,八千岁为秋。而彭祖乃今以久特闻,众人匹之,不亦悲乎!"

3.此段是作者的有意之笔,是通过"重言"加重论说的分量,加深读者对"小大之辩"的理解。这一段与开头部分呼应印证,更显出大鹏形象的高大雄伟和那些小虫小鸟的渺小卑微,从而以鲜明的"小大之辩"来说明"小知不及大知"。

4."乘天地之正,而御六气之辩,以游无穷者,彼且恶乎待哉!"即无所羁绊,无所依靠,无所凭借,悠然自得。庄子所追求的"逍遥游",是一种天地间根本不可能有、也不可能达到的幻想。无论是古代还是现在,无论是人类社会还是自然界,绝对自由是不存在的。

三、1.(1)惠子在梁国当宰相,庄子去看望他。 (2)不是梧桐树不栖息,不是竹子的果实不吃,不是甜美的泉水不喝。 (3)现在你也想用你的梁国相位来"吓"我吗?

2.讽刺惠子是贪念利禄,猜忌君子的小人。

劝 学

一、1.(1) zhòng (2) qiè (3) qì (4) xìng (5) kuǐ (6) qí jì (7) nǔ (8) lòu (9) yòu gǎo pù

(10) cān xǐng

2.《荀子》 战国 赵 邪恶 学习教化

3.(1)"有"通"又";"暴"通"曝"。 (2)"生"通"性"。 (3)"知"通"智"。

4.(1) 因此木材靠着墨线(加工)便会笔直,金属制的刀具放在磨刀石上(打磨)便会变得锋利。

(2) 借助舟船的人,并不一定能游水,却可以横渡江河。

(3) 堆积土石成了高山,风雨就从这里兴起了;汇积水流成为深渊,蛟龙就从这儿产生了。

(4) 顺着风呼叫,声音没有比原来加大,可是听的人却听得很清楚。

二、1. 学习的意义,学习的效能,学习的态度与方法。

2.(从课文的第三小节中找)

3. 荀子认为人的本性是不好的,即所谓"人性本恶",所以特别强调后天学习的重要,目的是通过教化熏陶来改善人性,改良社会。

三、1. 南方有一种叫"蒙鸠"的鸟,用羽毛做窝,还用毛发把窝编结起来,把窝系在嫩芦苇的花穗上。风一吹苇穗折断,鸟窝就坠落了,鸟蛋全部摔烂。不是窝没编好,而是不该系在芦苇上面。西方有种叫"射干"的草,只有四寸高,却能俯瞰百里之遥,不是草能长高,而是因为它长在了高山之巅。蓬草长在麻地里,不用扶持也能挺立住;白沙混进了黑土里,就再不能变白了。兰槐的根叫香艾,一但浸入臭水里,君子下人都会避之不及。不是艾本身不香,而是被浸泡臭了。所以君子居住要选择好的环境,交友要选择有道德的人,才能够防微杜渐保其中庸正直。

2. 略

过 秦 论

一、1.(1) zhěn (2) qūn (3) xiān (4) gāo (5) dí (6) xié (7) zú (8) tián (9) chī (10) yǒu

2.(1)《文选》 昭明太子(萧统) (2) 批评秦王朝的过失 (3) 政论家 文学家

3.(1) 不爱:不吝惜。 (2) 橹:盾牌。 (3) 敲扑:棒杖,都是刑具。

(4) 蹑足:意为"置身于"。 (5) 非及:比不上。 (6) 拱手:形容毫不费力。

4.(1) 君臣牢固地守卫着,伺机谋取周王室(的权力)。

(2) 向东割取肥沃的土地,向北占领要害的郡邑。

(3) 始皇已经去世之后,他的余威(依然)震慑着边远地区。

(4) 天下人杰如云般聚集起来,如回声响应般聚拢过来,担着干粮如影随形地跟着(陈涉)。

(5) 那迁谪戍边的卒子的(作战能力)并不比九国部队更强大。

二、(1) 仁义不施而攻守之势异也。(需具体阐述)

(2) 将陈涉的势力与九国的实力进行对比。主要从双方的地位、武器、士兵、谋士、反秦结果等方面比较强弱优劣。

(3) 以"史实"为基础,以"议论"为概括,"史实"中蕴含思考与观点,"议论"则从历史内容中提炼而得。

(4) 多用排比句和对偶句,如"有席卷天下,包举宇内,囊括四海之意,并吞八荒之心",增强文章的气势和表现力。善于运用赋体的夸张来说理,恰到好处地运用对比,也增强了文章的气势和表现力。

三、1. 秦统一天下,吞并诸侯,临朝称帝,供养四海,天下的士人顺服地慕风向往。为什么会这样呢?回答是:近古以来没有统一天下的帝王已经很久了。周王室力量微弱,五霸相继死去以后,天子的命令不能通行天下,因此诸侯凭着武力相征伐,强大的侵略弱小的,人多的欺凌人少的,战事不断,军民疲惫。现在秦皇南面称帝统治了天下,这就是在上有了天子啊。这样一来,那些可怜的百姓就都希望能靠天子安身活命,没有谁不诚心景仰皇上。在这个时候,应该保住威权,稳定功业,是安定还是危败,关键就在于此了。

秦王怀着贪婪卑鄙之心,只想施展他个人的智慧,不信任功臣,不亲近士民,抛弃仁政王道,树立个人权威,禁除诗书古籍,实行严刑酷法,把诡诈权势放在前头,把仁德信义丢在后头,把残暴苛虐作为治理天下的前提。夺得天下,要重视诡诈和实力;安定国家,要重视顺时权变:这就是说夺天下和保天下不能用同样的方法。秦王朝经历了战国纷争到统一天下,它的路线没有改,它的政令没有变,这是它夺天下和保天下所用的方法没有不同。秦王孤身无辅却拥有天下,所以他的灭亡很快就到来了。

2. 这首诗有讽有慨,寓慨于讽,旨意并不单纯。从讽的方面看,表面上似讽刺汉文帝,实际上诗人的主要用意并不在此。晚唐许多皇帝,大都崇佛媚道,服药求仙,不顾民生,不任贤才,诗人矛头所指,显然是当时现实中那些"不问苍生问鬼神"的封建统治者。在寓讽时弊的同时,诗中又寓有诗人自己怀才不遇的深沉感慨。诗人凤怀"欲回天地"的壮志,但偏遭衰世,沉沦下僚,诗中每发"贾生年少虚垂涕"、"贾生兼事鬼"之慨。这首诗中的贾谊,正有诗人自己的影子。概而言之,讽汉文实刺唐帝,怜贾生实亦自悯。

陈 情 表

一、1. (1) xìn (2) wò (3) jīn (4) zuò (5) zhuó (6) huán (7) bū (8) dài

2. (1) 我刚出生六个月,慈爱的父亲就不幸去世了。
(2) 不久又蒙受国家恩德,任命我为太子洗马。
(3) 本来追求的就是仕途通达,并不顾惜名声节操。
(4) 这就是臣下我在陛下面前尽忠尽节的日子还长着呢。
(5) 在外面没有比较亲近的亲戚。

二、1. 作者之所以说自己"本图宦达,不矜名节",主要目的就是要打消晋武帝可能心存的猜疑。(具体阐述略)

2. 课文最后一段中典故的主要旨意就是表达自己的耿耿忠心。(具体阐述略)

3. 一是写自己年幼失怙,祖母"躬亲抚养",祖孙二人相依为命;二是写家族内人丁不旺,照顾年迈的祖母只有自己来承担;三是写祖母多年卧病在床,"臣侍汤药,未曾废离";四是写祖母"人命危浅,朝不虑夕","是以区区不能废远"。

三、1. 张允济,青州北海县人。隋大业年间任武阳县县令,致力于以德行教育训导民众,百姓怀念他。元武县与武阳县接壤,县里有个人带了头母牛随他妻子的娘家一起生活了八九年,母牛生下了十多头小牛。到了要分居时,妻子娘家人不肯还给他那头牛,元武县衙门几任县令都不能解决这问题。那人就到武阳县请求允济评判,允济说:"你自有元武县令,怎么到这里来告状?"那人泪流不止,把事情的始末都讲了出来。张允济于是命令手下人绑了那人,用衣衫蒙住他的头,将他带到他妻子娘家所在的村子去,说是抓住了盗牛贼。张允济召集村人,将村里的牛全部集中在一起,一头一头询问牛是从哪里来的。妻子娘家人不知道其中的缘故,又担心受连累,就指着那头强占来的母牛说:"这是我女婿家的牛,从哪里来的我就不知道了。"张允济便揭开牛主人蒙头的衣衫,对他妻子娘家人说:"这就是你女婿,你可以把牛还给他。"妻子娘家人叩头服罪。元武县主管官听说后,都十分惭愧。张允济还曾在路途中遇到一个种葱的老妇人,搭了一座圆形草房在那里守葱,张允济对老妇人说:"你只管回去,不要不厌其烦地守着,如果遇到盗贼,应当来报告县令。"老妇人听从了他的劝告,回家住了一夜,那葱就丢失了很多。老妇人把情况告诉了他,他便把当地十里之内的全部男女都集中起来,一个个到跟前来检验查问,果然找到了盗葱的人。曾有个赶路的行人,天亮前就出发,把衣衫掉到了路上,走了十几里才发觉,有人对他说:"我们这武阳县境内,路不拾遗,只要能返回去取,东西一定在。"正如这人所说,果然找到了衣衫。远近之人都称赞张允济,他的政绩尤其卓异。

2. 正直、多智谋、秉公执法。

图书在版编目(CIP)数据

　　语文. 二年级. 上册. 积累与应用 / 杨九俊,汪政主编. —南京:南京大学出版社,2020.7(2024.7重印)
　　高等学校教师教育规划教材
　　ISBN 978-7-305-23540-5

　　Ⅰ. ①语… Ⅱ. ①杨…②汪… Ⅲ. ①大学语文课—高等学校—教材 Ⅳ. ①H193.9

　　中国版本图书馆 CIP 数据核字(2020)第 113714 号

出 版 者	南京大学出版社
社　　址	南京市汉口路 22 号　邮　编　210093
网　　址	http://www.NjupCo.com

YUWEN (ER NIANJI SHANGCE) JILEI YU YINGYONG

书　　名	语文(二年级上册)·积累与应用
主　　编	杨九俊　汪　政
责任编辑	马蓝婕　　　编辑热线　025-83596027
照　　排	南京紫藤制版印务中心
印　　刷	丹阳兴华印务有限公司
开　　本	787×1092　1/16　印张 5　字数 100 千
版　　次	2020 年 7 月第 1 版　2024 年 7 月第 4 次印刷
ISBN	978-7-305-23540-5
定　　价	17.50 元

发行热线　025-83594756
电子邮箱　Press@NjupCo.com
　　　　　Sales@NjupCo.com(市场部)

＊ 版权所有,侵权必究
＊ 凡购买南大版图书,如有印装质量问题,请与所购图书销售部门联系调换